JOÃO RODRIGUES DA SILVA NETO

SONHE GRANDE
COMECE PEQUENO
CRESÇA RÁPIDO

COMO EMPREENDER COM SEGURANÇA E LUCRATIVIDADE

ENCONTRE MAIS
LIVROS COMO ESTE

Copyright desta obra © IBC - Instituto Brasileiro De Cultura, 2024

Reservados todos os direitos desta produção, pela lei 9.610 de 19.2.1998.

1ª Impressão 2024

Presidente: Paulo Roberto Houch
MTB 0083982/SP

Coordenação Editorial: Priscilla Sipans
Coordenação de Arte: Rubens Martim (capa)
Edição: Luciana Albuquerque Bernadochi
Revisão: Edna Perroti (Contexto Assessoria em Língua Portuguesa) e Mirella Moreno
Apoio de Revisão: Lilian Rozati
Ilustrações: Shutterstock

Vendas: Tel.: (11) 3393-7727 (comercial2@editoraonline.com.br)

Foi feito o depósito legal.
Impresso no Brasil.

Dados Internacionais de Catalogação na Publicação (CIP)
de acordo com ISBD

S586s   Silva Neto, João Rodrigues da

Sonhe Grande, Comece Pequeno e Cresça Rápido / João Rodrigues da Silva Neto. – Barueri : Camelot Editora, 2024.
160 p. ; 15,1cm x 23cm.

ISBN: 978-65-6095-134-1

1. Autoajuda. I. Título.

2024-2497	CDD 158.1
	CDU 159.947

Elaborado por Odilio Hilario Moreira Junior - CRB-8/9949

IBC — Instituto Brasileiro de Cultura LTDA
CNPJ 04.207.648/0001-94
Avenida Juruá, 762 — Alphaville Industrial
CEP. 06455-010 — Barueri/SP
www.editoraonline.com.br

Dedico esta obra a todos os meus
parceiros e aos membros da equipe,
que acreditaram no nosso modelo de
negócio e agora fazem parte dele.

"Quando você quiser o sucesso tanto quanto quer respirar, então você o alcançará."

Eric Thomas

SUMÁRIO

Prefácio 9

Introdução 11

PRIMEIRA PARTE – TRAJETÓRIA DE VIDA

O trabalho no campo e as primeiras sementes
do empreendedorismo.. 14

"Seu" Oscar e a virada de chave... 17

A minha virada de chave... 23

Zenilda e João: uma história de amor e trabalho.................. 25

Das dificuldades à superação... 28

Algumas lições a considerar... 30

Ideias são sementes, e sementes podem se multiplicar........ 32

Fé, força, gratidão e, claro, um pouco de loucura................. 36

O primeiro milhão aos 32 anos.. 38

Nossas atividades na nova empresa....................................... 41

Tomando fôlego rumo a novos caminhos para a prosperidade........... 45

O Marketing de Relacionamento 47

**SEGUNDA PARTE – EMPREENDER: POR DENTRO DA MENTE
DE UM PRESIDENTE DIAMOND**

Pense como um milionário e você será um............................ 50

Eu mereço, e você? 53

Mural da Visão para uma Vida Extraordinária...................... 58

Paixão pelo que faz e propósito definido............................... 60

SUMÁRIO

Tudo começa com um sonho, mas é preciso persistir 64

Psicologia positiva e autorresponsabilidade 67

Planejando atingir as metas 75

Hábitos e foco levam ao sucesso 77

Diário da generosidade 84

Aja com a razão, mas ouça a voz do coração 85

As 12 características de um Presidente Diamond 96

Do propósito ao sucesso, fico com meu legado 104

TERCEIRA PARTE – MARKETING DE RELACIONAMENTO

Renove seus sonhos 110

Empreendedorismo: o segundo maior sonho dos brasileiros 116

Mas, quando é hora de largar o salário? 121

Empreender é o caminho. Marketing de Relacionamento
é o negócio. 127

O maior mercado da América Latina 133

Um sistema ganha-ganha 135

O poder de uma rede forte de relacionamentos 138

Sistema de indicações 142

Liberdade financeira feminina 145

Crescimento acelerado e equipes de alta performance 146

Um negócio dos sonhos que realiza sonhos 152

O primeiro passo rumo a uma nova vida 154

Agradecimentos 159

PREFÁCIO

Em 1987, participei de um evento promovido por João Rodrigues e Zenilda Soprani chamado Shurenkai. Foi lá que pude testemunhar de perto a determinação e a força do João Rodrigues. O entusiasmo dele nos faz acreditar que tudo é possível. E isso você poderá comprovar ao se debruçar na leitura desta obra incrível que narra sua trajetória de sucesso.

Tive a oportunidade, a honra e o privilégio de conhecer João Rodrigues na infância, tornar-me seu amigo na adolescência e, no início da minha vida profissional, seu parceiro de trabalho.

Nasci em um sítio no município de Mandaguaçu, no Paraná. Ao lado, morava o tio de João Rodrigues, Sr. Antônio Cavichioli, irmão de sua mãe. João estava sempre por lá, e brincávamos muito quando éramos crianças. Seu pai, o Sr. Oscar, era bastante conhecido na região como "o irmão Oscar da Romeira", nome da localidade onde ficava o sítio em que eles moravam. Quando nos mudamos para Maringá, a família do João continuou morando na Romeira, e a gente se encontrava nos cultos e nas reuniões da mocidade da igreja.

Nossa convivência vem desde a infância. Quando comecei a trabalhar com o João, eu era membro da sua equipe (sua terceira geração no Sistema). Em 1989, mudei-me para Portugal e sempre contei com o apoio de João e Zenilda para minha carreira deslanchar. Eu agradeço a Deus por ter colocado no meu caminho pessoas de tanta garra e determinação, como são João Rodrigues e Zenilda. Somos parceiros de negócios há 37 anos e posso afirmar que o sucesso que obtive empreendendo, abençoado por Deus, se deu após iniciar meu trabalho com João Rodrigues.

Mas esta obra não é apenas sobre trabalho. Ela conta a história de um homem simples, que começou trabalhando na roça, uma pessoa séria, honesta, determinada e muito trabalhadora. João venceu na vida, mas não se contenta em vencer sozinho. Ele tem como propósito transformar

PREFÁCIO

a vida de milhares de pessoas, para que tenham a mesma realização que ele, eu e tantos outros tivemos.

João possui uma força incrível, uma determinação fora de série, e sempre soube onde estava e aonde queria chegar. Se você deseja ser um empreendedor de sucesso e mudar sua vida, assim como eu mudei a minha, vale a pena ler atentamente cada ensinamento que ele compartilha nesta obra. Mas não apenas ler, é preciso agir, como ele ensina. Sem ação e trabalho duro, não há resultado.

Aprendi e continuo aprendendo todos os dias com João Rodrigues. Embora eu não consiga acompanhar seu ritmo, admiro-o profundamente. Quando você conhecer sua história nas próximas páginas, entenderá o que quero dizer e talvez também se surpreenda com tanta energia.

É com essa energia que ele escreveu sua história de sucesso, tornando-se uma referência mundial em nosso segmento e ajudando a mudar a vida de milhares e milhares de pessoas, não somente no Brasil, mas em vários países.

Quando soube que João estava escrevendo um livro para contar um pouco de sua história, fiquei muito feliz, pois todos precisam conhecer quem é João Rodrigues. Um grande homem deve deixar esse legado. Um homem que transforma tantas vidas por meio de um trabalho honesto e promissor merece ter sua trajetória relatada.

São muitas histórias, muita amizade, companheirismo, fé e também muitas risadas. João é uma pessoa cativante e encanta a todos por onde passa. Nossa parceria e amizade são fortes e estarão juntas até depois do fim. Espero que você consiga sentir toda essa energia, entusiasmo e sinceridade que ele teve ao abrir o coração e a memória neste livro.

Boa leitura!

Valdenir Gonçalves de Sales
Presidente da Nipponflex Holding Internacional

INTRODUÇÃO

Empreender é aprender a sonhar e a realizar. Todos temos sonhos e planos. Eu tive muitos e, graças a Deus, realizei – e continuo a realizar – todos eles. Meu nome é João Rodrigues, empresário, mentor e palestrante, casado com Zenilda Soprani há 43 anos. Sou o terceiro entre os filhos homens, de uma família de 10 irmãos, cujo sustento vinha do árduo trabalho na roça. Tenho dois filhos: Fábio Soprani, advogado, e João Henrique, economista, além de uma carreira consolidada de mais de 50 anos.

A minha trajetória no ramo de vendas começou quando eu tinha 20 anos, e teve influência do meu pai, Oscar. No decorrer de minha jornada – que contou com muitos altos e baixos – conheci grandes profissionais, renomados pensadores, executivos gabaritados, mentores e líderes com os quais pude estudar, aprender e me desenvolver, até chegar à pessoa que me tornei.

Apesar de ter aprimorado um grande talento para as vendas, para a negociação e para o empreendedorismo, acho importante salientar que não sou escritor. Porém, como um líder, acredito que pessoas inspiram pessoas e que histórias podem conter estímulos transformadores no destino de cada um de nós. Meu objetivo com este livro é ajudá-lo(a) a descobrir o espírito empreendedor que existe dentro de você, seja em qual campo de atuação for, e fazê-lo(a) perceber que a chave do sucesso está nas suas próprias mãos.

Hoje, considero-me um empresário de sucesso, e posso afirmar que meu triunfo se deu por conta de um talento especial: o desenvolvimento de pessoas. Cultivei, desde muito jovem, a habilidade de descobrir o que indivíduos de muito sucesso fazem e passei a ensinar esses conceitos de uma forma simples e prática, técnica que contribuiu para uma mudança substancial na jornada de milhares de pessoas.

Costumo dizer que um dos princípios mais firmes que adotei para a minha existência é justamente este: inspirar profissionais a crescer

INTRODUÇÃO

e transformar suas vidas. Foi esse mesmo propósito que me deu o impulso para contar minha história nas páginas deste livro, cujo principal objetivo é apresentar uma síntese de estratégias para que você possa escalar a montanha dos campeões e transformar os seus sonhos profissionais em realidade.

Um brinde às suas futuras conquistas!

João Rodrigues da Silva Neto
Presidente Diamond Nível III

João Rodrigues é reconhecido como referência no mundo dos negócios e um especialista renomado em Marketing de Relacionamento. Tenho o privilégio de acompanhar sua trajetória há mais de 30 anos e testemunhar os resultados impressionantes que ele proporciona à sua família e a milhares de pessoas. Pessoas comuns, que acreditaram em nosso projeto e se dedicaram a mudar suas realidades, encontraram em João Rodrigues um verdadeiro facilitador. Ele é um dos principais responsáveis pelo sucesso dos maiores empresários da nossa organização, liderando com sabedoria e visão estratégica.

DANIEL BOLONHESE, Presidente Internacional E-energy

Em toda a minha vida empresarial aprendi que somos o resumo das pessoas com quem mais convivemos. Eu e João Rodrigues nos conhecemos em 1987 trabalhando juntos na área comercial de uma multinacional japonesa. Logo percebi nele o mesmo sonho de crescimento, mudança de vida e prosperidade. Hoje, são quase 40 anos de uma parceria que se transformou em sociedade com empresas no Brasil e no exterior, compartilhando nossos ideais e transformando a vida das pessoas.

NEURIVALDO AMARAL, Presidente Diamond II

PRIMEIRA PARTE

TRAJETÓRIA DE VIDA

O TRABALHO NO CAMPO E AS PRIMEIRAS SEMENTES DO EMPREENDEDORISMO

Quando penso na história da minha vida e no início da minha carreira, minha memória retorna a um pequeno sítio da zona rural maringaense, no interior do Paraná.

Era uma época em que as pessoas acordavam com o cantar do galo, mas eu, particularmente, nunca precisei de nenhum tipo de despertador para me levantar da cama – e me orgulho disso até hoje.

Às seis da manhã já estávamos todos de pé, prontos para encarar mais um dia de trabalho na roça. O aroma do café recém-preparado por minha mãe, Elídia, era como um incentivo emocional pra gente enfrentar o que viria pela frente. A rotina dela começava preparando um café bem reforçado para quem iria lidar com a árdua tarefa na roça, seja debaixo de chuva ou do sol – quem trabalha no campo não tem desculpa.

Em nosso sítio, nós plantávamos café, arroz, feijão e milho. Foi ali que, desde os 9 anos, aprendi muitas lições sobre o cultivo com meu pai, "Seu" Oscar, homem íntegro, feliz, cheio de fé e esperança em dias melhores e que nunca fugiu do trabalho.

Nós não éramos pobres. Tampouco éramos ricos. Contudo, a vida no campo era muito dura, mesmo que isso fosse normal na época. Tive pouco estudo e deixei a escola para trabalhar no campo. Só fui vestir calça comprida e sapatos fechados no dia a dia após os 14 anos. Antes disso, só vestia calções improvisados, feitos do tecido de sacos de açúcar reutilizados. Tinha só um par de sapatos e podia usá-los apenas para passeio.

Naquela época, lá pelo final da década de 1960, era normal que os filhos seguissem a carreira dos pais, e não demorou para que passássemos a ganhar a vida no campo, de enxada nas mãos. Quando digo "nós", refiro-me aos filhos homens, já que as mulheres ajudavam nas tarefas domésticas – que não eram poucas – e na preparação das refeições.

Para todo o trabalho no campo, eu não utilizava nenhum tipo de calçado, ficava descalço. No calor escaldante do verão, o solo ficava em brasa; no inverno, a geada deixava a grama tão gelada que se cobria de cristais de gelo. Lembro de pisar na grama e sentir os cristais se partindo. Fazia um barulho engraçado: crec, crec, crec (risos). Mas parecia que meus pés iam congelar.

Preciso acrescentar que eu era o mais franzino entre os meus irmãos. Aqueles caras grandalhões, sem dúvida, tinham mais força para lidar com os trabalhos braçais, mas essa não era nem de longe uma desculpa para não os acompanhar.

Eu que, logo pela manhã, cuidava da bicharada, tomava café, seguia para a roça e retornava de lá somente ao escurecer, logo fui obrigado a pensar em como sobreviver àquelas tarefas exaustivas diante da minha desvantagem física. E a partir do momento que decidi desenvolver uma estratégia, comecei a perceber que ter um plano mudava não somente as minhas perspectivas, já que eu tornava as obrigações mais claras e ganhava mais coragem para encarar os desafios, como era, também, a chave para alcançar o sucesso em qualquer caminho que eu desejasse trilhar, fosse no campo ou, como aconteceria mais tarde, nas vendas.

Ter organização era essencial na roça do "Seu" Oscar". A gente tinha metas a cumprir, havia regras, definidas entre os três irmãos. Por exemplo, quem chegasse primeiro podia escolher o trabalho mais fácil, e quem demorasse para levantar-se da cama e chegasse depois acabava ficando com o que sobrava. E claro que eram as ruas de cafezal que tinham mais mato para capinar. Dito isso, eu, é lógico, não podia perder a hora. Meu foco era sempre começar cedo para pegar o menos pesado possível.

Mas havia aqueles dias em que, por um motivo ou outro, eu esquecia da minha meta. Por exemplo, antes de ir para a roça, a gente tinha que cuidar dos porcos e das galinhas, e quando a porca dava cria, eu ficava lá, brincando com os filhotes, encantado com o acontecimento e distante da vida – ou melhor, da minha meta!

Não dava outra: chegava depois de todo mundo no campo e dá-lhe o trabalho mais difícil! Dias como aqueles geravam em mim uma enorme frustração – cá entre nós, geram até hoje, e isso faz mais de 50 anos! E, desde então, experimento a mesma frustração a cada meta fracassada, a cada dia sofrido.

De um modo geral, posso dizer que eu era bem focado em me apresentar primeiro para o trabalho – afinal, era uma questão de sobrevivência, o que eu podia fazer? Chegando cedo ia direto ao cafezal, ou seja, podia escolher o melhor trabalho, o mais fácil, debaixo de sombra – só quem trabalhou na roça sabe a delícia que é pegar aquela rua de cafezal enfolhada, cheia de sombra e pouco mato para capinar... era uma moleza! E ainda ter uma sombrinha disponível para descansar entre um serviço braçal e outro.

Aos poucos, fui aprendendo a planejar o meu dia e estabelecer metas claras. Confesso que tamanha determinação dava receio ao meu pai, que às vezes tentava me frear, dizendo para eu não ficar tão focado em metas. Ele não descartava os contratempos, como a chuva, por exemplo, que poderia chegar sem aviso, impedindo a conclusão do trabalho na roça. Na cabeça dele, era suficiente que os filhos fizessem o que fosse possível, mas eu já tinha esse pensamento mais estruturado. Afinal, lidar com frustração nunca foi um problema para mim. Eu já sabia, desde cedo, que o sucesso dependia do meu planejamento e esforço pessoal.

Aqueles eram os nossos dias de luta. E quando a noite chegava, deitado na cama, após um dia de dever cumprido, eu experimentava uma sensação maravilhosa. Era um tipo de alegria diferente, aquela que sentimos quando temos consciência de que a meta foi alcançada. De uma coisa eu sabia: era uma sensação que eu queria experimentar para o resto da vida.

"SEU" OSCAR E A VIRADA DE CHAVE

Nosso pai é um herói – eu sempre falo isso! Mesmo tendo os filhos para fazer o serviço e uma equipe de funcionários, ele era o primeiro a chegar e o último a voltar para casa. "Seu" Oscar dava duro na roça. Fazia praticamente o trabalho de um peão e meio. A outra metade? Ficava comigo, claro, na época com 9 anos de idade. Foi assim, na base do esforço, que "Seu" Oscar criou seus dez filhos. A coisa era manual, era enxada, ferramenta pesada.

Foi em um desses dias de sol forte maringaense que o inesperado aconteceu. Eu e meus irmãos estávamos lá na roça quando demos falta do nosso pai. Imediatamente, dois dos meus irmãos e eu saímos como loucos a procurá-lo, e o encontramos sentado em um toco de árvore no meio do cafezal, muito pálido e molhado de suor. Ele nos contou que tinha perdido os sentidos e acabou caindo fraco, de tanto trabalhar. Como estava magro demais, certamente aquela pesada carga de trabalho braçal havia chegado para cobrar o seu preço. Depois de alguns minutos, quando ele recobrou a sua energia, conseguiu se levantar e fomos para dentro de casa. E as palavras que ele disse naquele momento ficariam na minha memória durante décadas: "Hoje foi meu último dia de trabalho na roça".

É incrível pensar como, a partir daquele instante, a mente dele mudou. Era como se algo ali dentro tivesse dado um estalo, virado a chave. Anos depois, em um treinamento com Tony Robbins, famoso autor, palestrante motivacional e empresário americano, aprendi que, "se você faz o que sempre fez, você terá o que sempre obteve". Eu não tinha a menor ideia de quem era Tony Robbins naquela época. "Seu" Oscar, menos ainda, mas o mesmo conceito já tinha tomado conta dos planos dele. A partir daquele incidente, meu pai passou a saber que precisava fazer algo diferente, ou estaria fadado àquela mesma vida sofrida.

Quando meu pai disse para mim e meus irmãos que iríamos tocar o trabalho na roça sozinhos, ele já sabia o caminho a seguir. "Seu" Oscar era cliente fiel da Maná, empresa de adubos e fertilizantes da região. Tinha até um *slogan* que nunca saiu da minha cabeça: "Com Maná, adubando dá!". E foi o que ele fez: começou a adubar ideias diferentes para, depois, amadurecê-las e colher novos frutos.

Foi com essa ideia em mente que "Seu" Oscar saiu de casa com a cara e a coragem, dirigindo seu velho Jeep, para ir bater à porta da empresa Maná. Chegando lá, foi logo dizendo ao diretor comercial:

– Quero ser um representante.

Era verdade que "Seu" Oscar já conhecia o produto e tinha de cor todos os benefícios, mas também era verdade que ele não conhecia o ramo de vendas. Afinal, nunca tinha vendido nada.

Além disso, como não era a época de vendas, pois só se vende adubo no período do plantio, o diretor da empresa ofereceu a meu pai outra possibilidade: prospectar clientes através de calendário promocional para que, quando chegasse o momento certo, ele tirasse os pedidos de venda. "Seu" Oscar saiu dali com a pastinha na mão e um único objetivo na mente: vender. Ele iria vender, e vender muito. Esse seria o seu novo ofício dali em diante.

> Ter um sonho é fundamental para determinar aonde você quer chegar. Quando se tem um foco, é muito mais fácil direcionar seus passos para atingir seus objetivos. A partir daí o sucesso somente dependerá de sua vontade, determinação e esforço pessoal. Mas como saber se você está no caminho certo? Avalie as suas conquistas. Assim, você saberá se precisa recalcular sua rota.

A primeira casa que meu pai visitou foi a de um vizinho. Mas, em vez de fazer a venda que ele estava planejando, meu pai escutou:

– "Seu" Oscar, agora não é hora de comprar adubo. Neste momento, preciso mesmo é de um trator. Meu irmão comprou um modelo muito bom, e eu quero um igualzinho.

Para um senhor que nunca havia vendido nada na vida, as palavras daquele vizinho poderiam terminar em um "muito obrigado" e ponto. Poderiam ter sido levadas pelo vento, mas meu pai já tinha virado a chave do sucesso. Como ele tinha um objetivo, que era vender, uma nova ideia surgiu prontamente na forma de uma pergunta, a pergunta de ouro:

– Qual foi a marca do trator que o seu irmão comprou?

– Valmet – respondeu o potencial cliente.

– Ah, sim, conheço bem. Aguarde, pois amanhã mesmo voltarei com novidades.

Na verdade, o conhecimento do meu pai sobre os tratores da marca Valmet se resumia à visão da fachada da empresa. Mas ele já sabia que precisava mostrar conhecimento se quisesse ter resultados no plano que tinha em mente.

Saindo dali o primeiro destino de meu pai foi a empresa Valmet. Sem rodeios, ele disse ao diretor da empresa que conhecia um interessado na compra do trator e negociou uma comissão para a venda. Claro que, durante aquela conversa, ele também procurou conhecer melhor o produto.

No dia seguinte, guiou o vizinho em seu Jeep até a empresa, com o cuidado de observá-lo o tempo todo pelo retrovisor, para que não lhe escapasse. Chegando lá, o diretor fez a demonstração do trator para o potencial cliente e, é claro, "Seu" Oscar foi anotando tudo. Negócio fechado. Foi a primeira vez que "Seu" Oscar fez uma venda. Ganhou 300 cruzeiros, na época.

Lembra quando falei que o sucesso só depende da vontade e do esforço pessoal de cada um? Meu pai foi um exemplo claro. Ele poderia ter respondido ao vizinho que não vendia tratores, apenas adubo, e a história toda teria terminado ali. Mas "Seu" Oscar queria mais. Ele tinha um sonho, um objetivo: mudar de vida. E já sabia como fazer isso: por meio das vendas, independentemente do produto.

> Aqueles que trabalham com representação de vendas sabem que, quando você recebe uma indicação, é crucial demonstrar credibilidade. É um fato: quanto mais você conhece os benefícios do produto ou serviço que está oferecendo, mais "eficaz" será nas vendas. A essência do negócio vai além de apresentar detalhes técnicos; trata-se de vender sonhos, melhoria de vida e status, independentemente do segmento. Vamos tomar como exemplo a venda de um carro. Você o compraria apenas para se locomover ou levaria em conta o desejo de possuí-lo, o status que lhe traria, as viagens que faria com sua família ou amigos, e os lugares incríveis que conheceria dirigindo-o?

No dia seguinte, lá estava "Seu" Oscar na Valmet, em mais uma prosa com o diretor, querendo saber como seria se ele trouxesse mais um cliente para a empresa. Sabendo que a propaganda boca a boca funciona muito melhor do que qualquer outra forma de promoção, o diretor apostou suas fichas em meu pai. Ter uma equipe de distribuidores e representantes promovendo sua marca gera muito mais resultado do que qualquer tipo de publicidade; não é à toa que modelos de negócios baseados na venda direta, Marketing de Rede e Marketing de Relacionamento estão crescendo em todo o mundo. Cada vez mais empresas estão elevando seus números, e seus representantes ganhando dinheiro e mudando de vida com esse trabalho promissor.

O final dessa história? Meu pai passou a vender muito. Conquistou o direito de negociar com exclusividade para diversos municípios, e cada venda gerava uma nova comissão. Se o cliente comprasse na loja, ele também ganhava. "Seu" Oscar tinha se tornado um campeão: o maior vendedor de máquinas agrícolas do norte do Paraná! Isso porque ele conseguiu enxergar caminhos em um cenário potencialmente drástico e deu a volta por cima. E posso dizer que ficou muito bem de vida! Comprou vários sítios, propriedades, viajou para os Estados Unidos, visitou Israel. O velho ficou chique!!!

Enquanto isso, nós, os filhos, que nada sabíamos sobre vendas, continuamos na roça, sob a ordem do "Seu" Oscar, para que nos organizássemos de uma maneira muito lógica: o mais velho assume a tarefa de cuidar e educar os mais novos. Ordem dada, ordem cumprida. Muitos anos depois, pensando sobre isso, uma certeza que tenho é a de que, apesar de sermos pessoas simples, sem acesso ao estudo formal, aprendemos com o meu pai lições importantes para toda a vida: saber vender foi a principal delas.

Hoje eu sei que é na hora da dificuldade, no momento da crise, como aconteceu com meu pai, a partir de um problema de saúde, que a gente dá as guinadas na vida. Seu Oscar não sabia, mas sua história de vida teria um papel fundamental nas grandes transformações que viriam na minha direção.

> Assim como meu pai, eu também aprendi uma importante lição: as derrotas e vitórias das nossas vidas começam a ser construídas no interior de cada um, e o poder da mente é o ponto de partida. Controlar sua mente é o caminho para influenciar os acontecimentos. Com esse domínio, além de pensar e planejar melhor, mudamos nossa atitude diante da vida, o que resulta em menos sofrimento e mais felicidade, como meu pai fez. É por isso que a arte de dominar os pensamentos virou objeto de estudo de tantos especialistas. Os pensamentos que cultivamos são a base para as nossas decisões e podem determinar o nosso futuro. Meu pai não aceitou aquele destino que se apresentava para ele, mas, para mudar, precisou transformar sua mentalidade. Precisou sair da zona de conforto. Você já parou para pensar em como é comum que nos acomodemos com o que temos?

> # Cada sonho que você deixa para trás é um pedaço do seu futuro que deixa de existir.

Steve Jobs

A MINHA VIRADA DE CHAVE

Sem que eu soubesse, aquela fase na roça já era uma grande preparação para o que viria pela frente em minha carreira profissional. Ali eu aprendi muito sobre disciplina, estratégia, metas, frustrações, resiliência, trabalho em equipe, prazer e realização. E, claro, sobre ir atrás dos meus sonhos. Embora fosse um local de atividades simples, de pessoas simples, aquela experiência me proporcionou uma grande visão que beneficiou não apenas o João como empreendedor, mas como ser humano.

Mas nem sempre nossa história é feita somente de sorrisos. Depois da bonança, veio a tempestade. Na fase em que meu pai estava bem, trabalhando com a representação de vendas, que estávamos no auge e ganhando muito dinheiro, todo mundo estruturado, Deus levou nossa mãe, nossa querida Elídia.

Eu tinha 19 anos, estava trabalhando com terras mecanizadas, dirigia um trator e encostei na porta da cozinha para almoçar. Minha mãe, ao me ver, falou:

– Vou fritar uns ovos para você.

Ali, enquanto fritava aqueles ovos, ela começou a pender para o lado... Nós a levamos para a cama, assustados. Descobrimos depois que ela tinha sofrido um AVC (Acidente Vascular Cerebral), pois tinha problemas de coração. Foi então que, em um dia que jamais sairia da minha memória, ela veio a falecer.

A morte da minha mãe teve um grande impacto na nossa família. Enquanto os homens estavam na lida da roça, era ela quem comandava as mulheres em casa, além de assumir a alimentação de todos – o que incluía não somente a nossa família, que já era bastante grande, com mais de 10 pessoas, mas também os funcionários que tínhamos.

Ela era incansável. Às vezes a lavoura não produzia o necessário, então minha mãe se virava com alimentação para toda a família, criava suínos, galinhas, ovos e hortaliças. Meu pai armazenava os mantimentos de um ano para outro para garantir o sustento mínimo da família.

Quando a safra era boa, meu pai nos levava para a cidade, comprava roupas, sorvete, guaraná e fazíamos a festa. Mas quando vinha uma grande estiagem, uma forte geada ou – simplesmente – os mantimentos não duravam até a próxima safra, vivíamos à base de polenta frita, cozida e assada. Lembro que uma vez meu pai comprou um caminhão de abóboras e comemos abóbora por meses, mas minha mãe fazia de um jeito tão especial que tudo ficava uma delícia e nunca enjoávamos. Eu amava o frango caipira cozido com polenta que ela fazia. Sinto o gosto até hoje e me dá água na boca.

Com a perda da minha mãe, desgostei totalmente do sítio. Para mim, parecia que tudo tinha mudado, até a cor do dia. Suas lembranças me deixavam muito triste e sem vontade de continuar lá.

Diante daquela situação de luto, comecei a fazer novos planos. Tudo em que consegui pensar foi buscar novos ares, então decidi viajar para visitar a família no Acre, Estado onde dois de meus irmãos estavam morando até então. Cheguei para matar a saudade dos meus irmãos, desabafar a perda de nossa mãe, e ali fui ficando. Mas aquele lugar me reservava uma nova experiência profissional.

Meus irmãos administravam uma pequena confeitaria na região, e já que eu iria ficar, resolvi trabalhar com eles fazendo de tudo um pouco, de entregas a vendas. Lembro que foi um período maravilhoso, pois comecei a me encantar com o universo de possibilidades que as vendas ofereciam e com o potencial que eu teria para crescer se abrisse novas clientelas, se me dedicasse de fato a esse ramo. Comecei a sentir que o sol estava brilhando novamente para mim.

Eu queria ser igual ao meu pai no auge da sua prosperidade. Queria ter carro novo todo ano, fazer viagens para o exterior. Era preciso dar um *start*, e o primeiro passo para isso já estava muito claro para mim: a mudança de mentalidade. Eu sabia que precisava de um motivo para sair da cama todas as manhãs. Felizmente, esse processo já tinha começado.

ZENILDA E JOÃO: UMA HISTÓRIA DE AMOR E TRABALHO

Minha história profissional se funde com a pessoal. Tem um livro de sucesso que diz que casais inteligentes crescem e enriquecem juntos. Isso é totalmente verdade. Ter alguém para construir sonhos em união não tem preço. E se esse alguém for igual à Zenilda, uma mulher de fibra, que não desiste nunca diante de um desafio, que, quando você começa a cair, te levanta, te pega pela mão e te coloca pra frente de novo, aí você já tem meio caminho andado!

Foi em Rondônia onde reencontrei a Zenilda, minha esposa há mais de 40 anos. Já nos conhecíamos da época em que morávamos em Maringá, no Paraná. Certo dia, nos reencontramos por acaso, e percebi que ela havia mudado. Não era mais aquela criança que eu havia conhecido anos atrás. Ela tinha crescido e se tornado uma moça – e muito linda, por sinal. Até então, eu nunca havia pensado nela como uma parceira romântica, afinal, ela era só uma criança. Foi só depois desse reencontro que tudo aconteceu.

Quando começamos o namoro, morávamos a 500 quilômetros de distância um do outro. Eu morava em Rio Branco, no Acre, e Zenilda em Porto Velho, Rondônia. O percurso era difícil, principalmente no inverno, quando a estrada ficava interditada por causa das chuvas. O carro simplesmente não passava e o acesso até lá só era possível de avião. O resultado foi praticamente um namoro por cartas, já que, quando muito, acabávamos nos vendo uma a duas vezes por mês. Lembro que cheguei a comprar uma caixinha de correio e tinha uma chave só minha, para poder enviar as minhas cartas e receber as que ela me mandava. Cheguei a enviar duas cartas no mesmo dia (risos). Estávamos – e ainda estamos – muito apaixonados. Foram cinco meses nessa rotina.

Na sétima vez que visitei Zenilda, saímos de lá unidos por Deus, em lua de mel, e em comunhão universal de bens. Casamos em Porto Velho e fomos morar no Acre.

Antes de nos casarmos, eu já morava em Rio Branco há três anos, e experimentava uma atividade totalmente diferente da que fazia na roça. Definitivamente, eu tinha me encontrado nas vendas. Era algo que mexia comigo de verdade. Essa vivência foi a minha universidade.

Deus foi tão generoso comigo que, além de Zenilda ser uma mulher maravilhosa, uma companheira em minha vida, também tinha experiência em vendas – aos nove anos de idade ela já vendia bananas na rua. Quem diria, eu, que estava me apaixonando pela profissão de vendas, acabei me casando com uma vendedora!

Nosso primeiro mês de casamento se resumiu a uma rotina simples: eu saía para fazer entregas da confeitaria e Zenilda ficava em casa, arrumando tudo e preparando a comida. Eu chegava, estava tudo bonitinho. Mas essa rotina não durou muito tempo. Certo dia, Zenilda se levantou às cinco da manhã, arrumou toda a casa, deu conta de todas as obrigações e disse:

– Hoje eu vou com você. Manda dobrar a receita dos bolos, pois conheço todo mundo aqui na cidade.

E ela conhecia mesmo, e as vendas foram ótimas. Com o nosso foco voltado para a prosperidade, passamos a querer ganhar mais, pois sabíamos que tínhamos condições de crescer e que, juntos, podíamos chegar mais longe.

Foi então que testamos um novo foco de vendas: as panelas. Essa história começou quando ganhamos um conjunto de panelas ao nos casarmos. Era um modelo que já tínhamos visto algumas pessoas vendendo. Zenilda conhecia bem o produto, descobriu o fornecedor e entendia as qualidades e funções de cada panela. Ela percebeu que esse produto poderia impulsionar nosso negócio, e logo decidimos começar a vendê-las também.

Mergulhamos com tudo nas vendas dessas panelas. Como estava dando certo, decidimos voltar para Maringá. Afinal, mais do que uma profissão, tínhamos um modelo de negócio que eu poderia levar comigo para onde quer que fosse.

A dupla Zenilda e João – eu com 24 anos, ela com 18 – deu muito certo, em todos os sentidos. Nossos resultados foram tão expressivos que, além de lidar com um volume considerável de dinheiro, formamos uma grande equipe de vendedores e conquistamos uma frota de 25 carros. Em três anos, quase ficamos ricos! Construímos a nossa casa dos sonhos, fizemos acontecer. Desde aquele momento, viramos um casal de referência em vendas e nunca mais paramos. Isso já tem 43 anos.

> Quando você sonha grande e acredita, o 'como' acontece.

João Rodrigues da Silva Neto

DAS DIFICULDADES À SUPERAÇÃO

Tinha tudo para o nosso negócio de vendas de panelas dar certo, mas não aconteceu bem assim. Com o passar do tempo, fomos percebendo algumas falhas no nosso modo de operação que mereciam mais atenção. Não havia, por exemplo, um sistema de marketing para sustentar o crescimento do negócio. Na verdade, eu era o sistema. Era eu quem bancava o produto, o carro, o hotel dos revendedores, o combustível, os prejuízos. Dito em outras palavras: tudo estava nas minhas costas, tudo saía do meu bolso. Na época tínhamos uma frota com 25 carros, que os vendedores utilizavam em suas viagens. Houve situações em que o carro saía para uma viagem com pneus novos e voltava com pneus velhos. Até o motor eles chegaram a trocar. Era um terrível aborrecimento ser roubado por pessoas da minha própria equipe. No início, aguentamos bem, mas com a sucessão de tropeços, não teve jeito: falimos. E percebi que perdemos tudo porque não havia um sistema sustentável.

Depois de tudo aquilo, passei a ficar um pouco frustrado em trabalhar em equipe. Definitivamente, eu não confiava mais nas pessoas. Foi então que, decidido, eu disse a mim mesmo:

– Agora não quero mais mexer com equipes. A partir de hoje, seremos somente eu e Zenilda, a minha parceira.

Foi necessário recomeçar do zero, refazer a vida. Cheios de dívidas, saímos da nossa casa em Maringá e rumamos para Florianópolis. Nosso trabalho era o mesmo, mas agora sem equipe, só nós dois. Saíamos de casa dispostos a cumprir metas diárias e semanais. Assim que o sol raiava, lá estávamos nós nas ruas para vender.

Se batíamos nossas metas diárias pela manhã, não trabalhávamos à tarde; se batíamos a meta da semana, tínhamos uma recompensa: comer um pedaço de bolo na confeitaria. Isso era simplesmente maravilhoso, mas, se não conseguíssemos, nosso expediente seguia até nos fins de semana. Foram dias de muita luta. Posso afirmar que não foi fácil, mas conseguimos nos reerguer. Só Zenilda e eu. Em nove meses, já em melhores condições, limpamos os nossos nomes no mercado. Tudo estava se ajeitando novamente.

Diante dessa temporada de altos e baixos, há algumas lições muito importantes que quero dividir com você: quebrar uma empresa, um projeto de vida, traz impacto em todas as esferas. Isso porque você não só perde o patrimônio e o nome, mas também a credibilidade e, mais do que isso: a confiança em si mesmo. Nas vezes em que me vi no fundo do poço, quando muitos teriam mil desculpas para desistir, foram a persistência e a resiliência que me fizeram prosperar e me deram forças para seguir em frente.

Durante a jornada do empreendedorismo, é muito comum que venham vitórias e derrotas, mas, diante do sucesso ou fracasso, o importante é saber que não se conquista nada na vida que tenha real valor sem dedicação total, disciplina, garra e fé. Só assim conseguimos alcançar o sucesso. Acredito que aprendemos muito mais com nossos erros do que com nossos acertos.

Tem uma frase do palestrante Mike Murdock que sempre digo: *"Nunca reclame daquilo que você permite"*. A vida é feita de escolhas, e quem escolhe viver com o mínimo não deve culpar ninguém. É uma prioridade pessoal. Deus nunca vai dar tudo o que você pedir sem que você faça a sua parte primeiro. Ele nos dá o livre-arbítrio para que possamos decidir sobre nossas vidas. Quem tem sonhos precisa também correr atrás para alcançá-los. Veja o nosso exemplo: Zenilda e eu não nos permitíamos descansar se não tivéssemos batido nossas metas.

> # Tudo muda quando você assume total responsabilidade pelo seu negócio.
>
> *João Rodrigues da Silva Neto*

ALGUMAS LIÇÕES A CONSIDERAR

As frustrações ajudam a superar as novas quedas que a vida nos apresenta. Mas não posso deixar de reconhecer que ter uma pessoa vencedora ao meu lado, que me deu as mãos quando mais precisei, que me ajudou a fazer planos e lutou comigo, foi indispensável para chegar ao sucesso.

Outro ponto importante é estabelecer uma direção. Em nossa vida, temos cinco tipos de saúde: física, emocional/espiritual, familiar, financeira e social. Geralmente, a felicidade e a plenitude moram no equilíbrio entre essas cinco áreas. Contudo, quando se quer realizar algo extraordinário em qualquer âmbito da nossa vida (saúde financeira, por exemplo), é preciso que nos dediquemos mais a esse determinado ponto, deixando os demais temporariamente com menos atenção.

Você já parou para pensar no quanto é difícil ser um empresário de sucesso, um excelente pai de família, sentir-se realizado espiritualmente e ainda estar com o corpo malhado, por exemplo? Verdade ou mentira?

É por isso que digo que precisamos criar uma espécie de desequilíbrio calculado. Explico melhor: sabe aquela pessoa amplamente espiritualizada que você admira muito, que transmite uma sensação incrível de paz e serenidade só pelo fato de estarmos perto dela? Dá até vontade de ser mais religioso, não é mesmo? Mas repare em um detalhe: no geral, essas pessoas não costumam ser extremamente bem-sucedidas no trabalho e, ao mesmo tempo, ainda ter uma linda família.

O que quero reforçar com esse exemplo é que, se você quiser dar uma guinada na sua vida profissional, por um determinado período, foque nesse ponto com mais afinco, e certamente você vai ver as chances baterem à sua porta e os resultados chegarem antes do esperado.

Mas entenda uma coisa: você não pode simplesmente abandonar as outras áreas da sua vida. Do contrário, você terá sucesso, mas não será feliz. Observe que eu não falei sobre ter um desequilíbrio desordenado, mas sim calculado, ou seja, planejado e baseado na sua razão e nos seus valores. Há pessoas que só executam sem planejar, há aquelas que só planejam sem executar e existe, ainda, quem tem sucesso sem conseguir apreciá-lo. Tenha sempre em mente a seguinte premissa: **o sucesso só vale a pena se você puder aproveitar tudo o que ele pode lhe proporcionar.**

> Ter um plano que o guie e se recompensar ao atingir seus objetivos são maneiras inteligentes e prazerosas de colher os frutos do seu empenho. Apenas trabalhar não o deixará rico. É preciso planejar e executar, mas também desfrutar de bons momentos com sua família. Dessa forma, você obterá o fôlego necessário para continuar sua trajetória profissional rumo ao sucesso.

Apegue-se ao melhor que há em você!

João Rodrigues da Silva Neto

IDEIAS SÃO SEMENTES, E SEMENTES PODEM SE MULTIPLICAR

O negócio das panelas foi viável por um tempo, mas apenas para manter a prosperidade e ir seguindo com a vida. Como a minha relação com a família sempre foi de muita proximidade e de grande estima, certo dia, por intermédio do meu irmão Daniel, conheci uma empresa japonesa que tinha uma sucursal em São Paulo.

Tratava-se de uma fabricante de colchões terapêuticos de origem japonesa recém-chegada ao Brasil na década de 1980. De alguma forma, a fama de que Zenilda e eu éramos bons vendedores chegou até eles, e no dia 12 de fevereiro de 1987, recebemos a visita do meu irmão Daniel e do tal japonês dos colchões terapêuticos.

Lembro que cheguei a recusar o negócio com um sonoro "não, obrigado". No meu entendimento, meu irmão tinha chegado a eles primeiro. Ele já tinha dividido as vendas da confeitaria conosco, logo, essa oportunidade de negócio era dele.

Mas, para minha surpresa, Zenilda, a esposa destemida, não hesitou em dizer:

– Deixa que eu faço.

Dava para ver que Zenilda carregava com ela um espírito de negociadora. Veterana nas vendas, ela gostava do que fazia, e assumia a função muito bem. Era uma época em que minha esposa estava sofrendo após uma cirurgia que não cicatrizava há quatro meses. De alguma maneira, eu nunca me esqueci das duas coisas que o meu irmão Daniel nos disse naquele momento:

– Este produto vai curar a Zenilda e todos nós vamos ficar ricos com esse negócio!

Foi naquele instante que eu enxerguei o sentido da proposta: levar saúde através dos produtos e oportunidade financeira através do plano de negócio.

Compramos o ARS, que é muito mais do que um colchão, é um Aparelho Reparador da Saúde. Nós nos adaptamos muito bem com o pro-

SONHE GRANDE, COMECE PEQUENO, CRESÇA RÁPIDO

duto a ponto de, após quatro dias de uso, ficarmos admirados com a cicatrização da cirurgia da Zenilda. Confesso que adquirir o ARS, de alto valor agregado, àquela altura era quase uma loucura, pois estávamos nos reerguendo financeiramente, mas o resultado foi tão impressionante que resolvemos comprar mais uma unidade para a minha sogra, que também estava sofrendo com problemas de saúde. O resultado não foi diferente: em poucos dias de uso, ela também melhorou da pressão alta e da insônia.

Uma nova parceria estava selada. A partir daí, ficou resolvido assim: Zenilda iria investir no novo negócio, enquanto eu continuaria nas vendas das panelas para pagar as contas, prometendo que, se aquela empreitada desse certo, eu "pularia" para o lado dela.

As vendas da Zenilda, de fato, começaram a ficar mais animadas. A coisa explodiu e começamos a ganhar muito dinheiro. Não deu outra: larguei as panelas e nos tornamos distribuidores autorizados da empresa, decisão que foi uma bênção nas nossas vidas porque, dessa vez, nós não precisávamos ser o sistema.

Recebíamos o produto pronto, havia uma empresa multinacional por trás que nos dava todo o suporte. Era só vender, faturar e formar a equipe de vendas. Graças a isso, passamos a nos dedicar somente à parte que amávamos: as vendas e os treinamentos dos outros vendedores, ou seja, a parte motivacional, o relacionamento com pessoas e o grande segredo do negócio – a formação de equipes. Agora, novamente, eu tinha uma equipe de vendas, mas – dessa vez – eu sabia como lidar com eles. Quando pudemos nos dedicar somente ao desenvolvimento das pessoas para as vendas, o sucesso foi ainda maior e mais veloz.

O tempo passou e começamos a receber prêmios. Um dia, decidi acompanhar Zenilda em uma convenção da empresa. Chegando lá, observei as pessoas subindo ao palco, sendo premiadas, reconhecidas. Foi a primeira vez que vi o sucesso realmente de perto. Lembro-me de que me emocionei com o depoimento de um distribuidor que estava sendo elevado ao nível Diamante – o topo da hierarquia dentro desse segmento. Foi indescritível, mas ainda melhor foi sentir aquela chama do sucesso ressurgindo em mim. Percebi que ainda estava vivendo na zona de conforto, escondido atrás das frustrações do passado. Na verdade, até aquele momento eu estava contando com a sorte, mas ao ouvir aquelas palavras, foi como se mais uma chave virasse na minha cabeça. Imediatamente, pensei: "Eu posso me tornar o melhor, um especialista nesse negócio. Se quero conquistar meus sonhos, se quero fazer meu primeiro milhão, preciso ser o melhor".

Na primeira brecha, fui procurar o presidente da empresa, Sr. Issamu Matsuda, na convenção, e disse a ele:

– Serei o próximo Diamante no Brasil!

O mais engraçado é que ele não entendia uma palavra em português, assim como eu não entendia nada em japonês (risos). Mas, para tudo se dá um jeito, não? E foi aí que chegou o Sr. Francisco Konno, diretor da empresa, para traduzir a nossa conversa, e o presidente pareceu acreditar no que eu estava afirmando.

Novamente, fui capturado por uma onda de empoderamento e confiança, mas eu sabia que, para que o plano de nos tornarmos Diamantes desse certo, Zenilda e eu teríamos que recalcular o projeto com foco em alcançar esse objetivo. Nós tínhamos em mãos um produto que poderia trazer saúde e muitos outros benefícios para quem o comprasse e, agora, tínhamos a oportunidade de negociar com pessoas de qualquer parte do planeta.

Com essa convicção, começamos a vender os produtos para parentes, amigos, conhecidos, vizinhos e até para os inimigos (risos). Estávamos realmente motivados com a ideia de chegar a essa meta, e chegamos. Para isso, seguimos com afinco a estratégia de indicação que meu pai havia utilizado na fase dos tratores. Zenilda e eu já a utilizávamos também – inclusive, eu já havia me tornado um campeão de vendas diretas seguindo esse modelo. Nele, atuamos com relacionamento e indicação para impulsionar as vendas, o que mais tarde foi aperfeiçoado por nós em um modelo de negócios dual e exclusivo, que conta com mais vantagens em relação aos modelos tradicionais e que abordarei mais adiante, neste livro, para que você entenda melhor.

E um ano e meio depois, na convenção seguinte, éramos o primeiro casal brasileiro graduado Diamante de todos os sistemas de marketing de vendas do Brasil. Isso aconteceu em 1988, quando Zenilda e eu cumprimos as metas de vendas. Na época não existia Amway, Herbalife, Forever ou outras empresas semelhantes aqui no Brasil. Já havia alguns descendentes de japoneses graduados Diamante trabalhando no Brasil, mas brasileiros natos mesmo nós fomos os primeiros: o primeiro casal brasileiro Diamante do marketing de vendas, e tenho muito orgulho disso.

Zenilda subiu ao palco grávida do João Henrique. Nessa época, já tínhamos o nosso primeiro filho, Fábio, que muitas vezes nos acompanhou no trabalho. Lembro-me de que ele ficava observando, de dentro do carro, o que falávamos e como negociávamos. Foi a nossa primeira onda de explosão de vendas. Nós pagamos dívidas, compramos fazenda, fomos para convenção no Japão, viajamos o mundo.

E cá estamos há 37 anos neste negócio que foi um divisor de águas em nossas vidas, tudo graças à nossa determinação, mas principalmente à nossa fé em Deus, Aquele que nunca nos deixou perder as esperanças. Ele, que sempre foi a nossa fonte de força renovadora diante de qualquer dificuldade. **Sempre tivemos em Deus a certeza de que poderíamos alcançar o sucesso.**

> Coragem, gratidão, ação, criatividade, fé, sonhos e uma boa dose de loucura... Nunca deixe de pensar: Eu posso, eu consigo, eu mereço!
>
> *João Rodrigues da Silva Neto*

FÉ, FORÇA, GRATIDÃO E, CLARO, UM POUCO DE LOUCURA

Quando conhecem a nossa trajetória, muitos se admiram e se perguntam: "De onde vem tamanha resiliência, essa capacidade de se reinventar, a força para superar as adversidades e dar a famosa volta por cima?".

Respondo sem hesitar que atribuo nosso sucesso a uma série de fatores, entre eles a preparação para lidar com a frustração e com as recompensas, o apreço pela família e o trabalho em equipe, a persistência da minha esposa e a nossa capacidade de redesenhar nossos planos. Mas nada disso seria possível sem a presença de Deus. Sem fé, não seríamos nada.

Além disso, preciso reforçar a importância de estarmos em constante treinamento. Todos os dias, incansavelmente. Todos os cursos que tive a oportunidade de fazer, seja no Brasil ou no exterior, eu fiz, e dei tudo de mim em cada um deles. Tudo o que você aprende, tudo mesmo, você precisa treinar. Você pode treinar para ser um fracassado, para ser um reclamão, para ser uma pessoa derrotada. Mas também pode treinar para ser um vencedor, pode exercitar a sua emoção, a sua energia. Tudo é treino.

Quando eu trabalhava na roça, eu tinha a minha enxada importada. O Brasil, na ocasião, não fabricava ferramentas de qualidade. Tudo era importado. Mas, para fazer um bom trabalho, eu precisava afiar a minha enxada todos os dias. Eu tinha a melhor lima que existia na época e, ainda assim, precisava afiar a minha ferramenta de três a quatro vezes ao dia.

De alguma maneira, esse conceito continuou comigo. Gostaria de lembrar você, leitor, que eu não nasci assim. O que faço para me manter no topo do pódio é continuar me aprimorando. Todos os dias eu aprendo ou aperfeiçoo alguma coisa referente ao meu trabalho, ao meu objetivo, ao meu sonho, ao meu foco. Hoje mesmo, dia em que escrevi este capítulo, estudei duas vezes: a primeira das 2h às 3h da manhã. Então, dormi, acordei antes das 5h e estudei até as 6h. É domingo, estamos de férias em Barcelona com a família. Enquanto a família foi aos passeios, fiquei no hotel e continuei escrevendo até às 17 horas.

E é triste pensar que hoje vemos muitos vendedores que não querem assumir esse esforço. Não querem afiar a mente, a ferramenta de que dispõem para estar entre os vencedores. Querem que os resultados apareçam, mas não aceitam pagar o preço por eles.

Ao longo dessa jornada, já treinei mais de um milhão de pessoas, e posso afirmar que muitos desistiram. Foram poucos os que realmente mostraram forças para lutar. E você, qual lado vai escolher: o do sucesso ou o do fracasso? A chance está em suas mãos.

Tomando como base os conceitos que aprendeu até este ponto do livro, liste abaixo quais são seus objetivos profissionais. Depois, indique possíveis caminhos para alcançá-los.

Objetivos	Primeiro passo para alcançá-los	Segundo passo para alcançá-los	Terceiro passo para alcançá-los
1.			
2.			
3.			
4.			
5.			

O PRIMEIRO MILHÃO
AOS 32 ANOS

Eu que já tinha visto a face da falência uma vez, agora comemorava meu primeiro milhão de dólares aos 32 anos. Era uma vida em que só andávamos de avião, vivíamos em treinamentos e convenções no Brasil, nos Estados Unidos, na Europa e no Japão. Montamos equipes em todos os Estados do Brasil. Ajudamos, inclusive, na implantação do mesmo sistema na Europa. Tudo estava seguindo às mil maravilhas, até o fatídico dia em que a marca japonesa deixou o Brasil. Imagine que toda aquela vida acabou num piscar de olhos.

Estávamos na década de 1990 eu já era Diamante, nível máximo dentro do sistema daquela empresa. Já tínhamos uma equipe em nível nacional, e estávamos ricos. Foi difícil aceitar que não teríamos mais aquele produto. Quando você faz o nosso negócio, você fica "estragado", não serve para fazer outra coisa que não renda o mesmo montante de dinheiro.

Naquele momento, foi preciso colocar os pés no chão e buscar novas oportunidades. Foi então que começamos a gastar o dinheiro que tínhamos ganhado. Tentamos diversos caminhos durante anos a fio.

Vivemos num "inverno" de sete longos anos. As coisas estavam retrocedendo, o dinheiro só estava saindo, não entrava nada. Foi realmente frustrante, mas, em algum lugar no fundo da minha alma, uma voz ainda ecoava. Ela continuava dizendo que tudo acontece a partir do controle da nossa mente, tanto as coisas boas como as ruins. Eu sabia que precisava ter o controle da minha mente para conseguir me reerguer novamente.

Nessa fase, tentamos quatro ou cinco negócios diferentes. Aprendi e me apaixonei pelo ramo imobiliário, mas não tinha dinheiro suficiente para investir. Chegamos a vender outros tipos de produtos, como panelas, gás de cozinha e apartamentos em time sharing (imóveis de lazer em tempo compartilhado), mas nenhum deles dava o retorno financeiro com o qual já estávamos acostumados, nem havia produtos exclusivos com segredo industrial protegido.

> Se você atinge o sucesso uma vez, pode ter sido sorte. Se você atinge o sucesso pela segunda vez, pode ser coincidência. Mas se você atinge o sucesso pela terceira vez, você aprendeu o caminho do sucesso.

Mestre japonês Katsumasa Isobe

Chegamos a ter algumas explosões de vendas, mas não tínhamos um sistema sustentável. Eu era o sistema e tinha que cuidar de toda a operação, desde a produção, a administração, as finanças, o marketing, os treinamentos até as vendas.

Nesses sete anos em que fiquei fora do Marketing de Relacionamento, aconteceu de tudo na nossa vida: tivemos a luz cortada, recebemos cestas básicas em casa, ficamos com o nosso nome sujo, atrasamos a escola dos filhos, tivemos o carro com busca e apreensão, o aluguel atrasado, sociedades frustradas e muito mais.

Mas, quando voltamos para a venda dos ARS no modelo do Marketing de Relacionamento, a prosperidade voltou a bater na nossa porta.

Ou seja, eu só precisava encontrar a empresa certa com produtos originais e exclusivos. O modelo de negócio estava comprovado e foi a quarta onda de explosão de vendas em nível nacional.

NOSSAS ATIVIDADES NA NOVA EMPRESA

Nossa parceria com a nova empresa começou nos anos 2000, por meio do meu amigo Valdenir, e já tinha tudo para dar certo: além dele ser uma pessoa extremamente confiável, possuía todo o segredo industrial e tecnológico dos produtos originais, pois tinha sido sócio dos japoneses na Europa e estava trazendo os produtos para o Brasil.

Organizamos a equipe, reaproveitamos as peças-chaves da liderança antiga e fomos em frente. Nós já tínhamos experiência, já conhecíamos o produto e o mercado. Tínhamos uma equipe de vendas esfacelada, mas era melhor do que nada.

Nesse retorno, tive que assumir muitas responsabilidades. Acabei virando sócio da empresa e liderei o departamento de marketing e de treinamentos – o que realmente faz meus olhos brilharem. Entre outras tarefas, reescrevi o material de vendas e reorganizei o plano estratégico de marketing, focando em trazer melhorias. Também precisei incrementar a parte de treinamento, o material de apoio, de criação e afins. Zenilda desenvolveu a agenda de eventos e treinamentos, ou seja, trabalhamos na sistematização do negócio, de modo que nossas experiências anteriores servissem de exemplo para montar um sistema robusto, mas, ao mesmo tempo, com uma operação prática e eficaz.

Preparamos todo esse portfólio e agendamos um treinamento de liderança com uma imersão de três dias no interior do Paraná. Nessa imersão, apresentamos à equipe o novo modelo de negócios que desenvolvemos, baseado na formação de pessoas como consultores de vendas e no sistema multiplicador de equipes de alta performance. Demos uma quantidade enorme de treinamentos para a formação de líderes, capacitando-os para motivar e incentivar as pessoas a ir atrás de seus sonhos e suas metas.

Sem dúvida, foram muitos dias de trabalho e muitas noites maldormidas. Fiquei três anos como sócio. Nessa altura, percebemos que o sistema de Marketing de Relacionamento estava funcionando perfeitamente e estava totalmente alinhado com os demais setores da empresa. Então, senti que já tinha cumprido a minha missão.

Em 2006, já havíamos construído uma rede de distribuidores que representava 70% do faturamento nacional e gerava uma renda mensal suficiente para que não precisássemos mais trabalhar. No entanto, mais uma vez, seguimos nosso instinto: deixamos a sociedade e fomos nos dedicar plenamente ao marketing, às vendas, aos treinamentos e à formação da equipe.

Em nosso contrato de venda das cotas da empresa, recebemos 1000 ARS como parte do pagamento. Porém, não poderíamos fornecer para a rede antiga, ou seja, nós teríamos que formar novas equipes.

Então, eu e Zenilda, com nossos filhos, decidimos criar uma nova equipe de vendas do zero e – em paralelo – começamos a investir no setor imobiliário, através da Vitalcorp, nossa construtora e incorporadora, realizando um sonho de 17 anos. Essa foi uma decisão estratégica: trabalhar com foco nas vendas dos produtos e investir o lucro na construção civil.

No início da formação da Nova Equipe, as coisas andaram devagar. Apesar de ter um sistema duplicador, quando você tem um faturamento pequeno e consegue dobrá-lo, ainda não é um resultado excepcional. Como eu estava acostumado a grandes explosões de vendas, aquele resultado ainda me parecia desanimador. Muitas vezes pensei em desistir. Falava com João Henrique, que, apoiado pela mãe, jamais aceitou retroceder, afinal, tínhamos que vender mil Aparelhos Reparadores da Saúde.

Fizemos um acordo em família e, três anos depois, estávamos celebrando uma nova explosão de vendas em nossas equipes diretas. As equipes antigas foram contagiadas e acompanharam o forte crescimento. Assim, vivenciamos a nossa quarta onda de explosão de vendas, criando a maior indústria desse segmento no mundo.

Nossa empresa no setor imobiliário seguiu o mesmo conceito multiplicador: com um terreno, desenvolvemos o projeto e construímos dezenas de apartamentos. No entanto, durante os primeiros dez anos, construíamos apenas um prédio por vez. Atualmente, construímos simultaneamente dezenas de prédios, com centenas de apartamentos.

> ## Tudo o que você faz com consistência, tem efeito multiplicador a longo prazo.
>
> *João Rodrigues da Silva Neto*

Nessa altura, eu já estava com a minha vida resolvida, já havia ganhado muito dinheiro a ponto de poder morar a cada semana em uma parte diferente do mundo. Mas, mesmo assim, eu nunca quis parar de trabalhar. Hoje, em 2024, faz 24 anos que retornamos ao segmento de saúde e bem-estar e não paramos um dia sequer. Seguimos apaixonados em desenvolver pessoas para que tenham um futuro próspero sem depender de modos operacionais que não proporcionam possibilidades de prosperidade financeira, apenas pagam as contas.

O mundo está em constante mudança, está seguindo em direção a uma nova economia de performance. O que isso significa? Que, no futuro, você será remunerado somente pelo seu desempenho, e não pelo seu tempo. E não há forma melhor de prosperar na nova economia do que neste modelo de Marketing de Relacionamento que adotei e vou detalhar para você mais adiante.

Minha ambição sempre foi poder realizar sonhos.

Bill Gates

TOMANDO FÔLEGO RUMO A NOVOS CAMINHOS PARA A PROSPERIDADE

Há sete anos, eu me sentia pronto para reduzir a carga de trabalho. Mas é o que dizem por aí: uma vez empreendedor, sempre empreendedor! Podemos dizer que coisas inesperadas acontecem, não é? Uma delas foi que a minha jornada ganhou um novo fôlego e decidi rever o meu plano de aposentadoria. Isso porque eu queria encarar o projeto de expansão global da empresa.

Ao longo dos anos, nossos produtos foram ganhando cada vez mais mercado em outros países. Em 2016 e 2017, a empresa adquiriu outras companhias, expandiu as linhas de produtos, incorporou novas tecnologias e novas unidades de negócios.

Esse processo culminou na criação de uma linha exclusiva de purificadores de água que recebeu a melhor certificação de qualidade do mercado, além de ter diversos outros diferenciais de altíssima tecnologia, trazendo um nível de crescimento impressionante para a marca. Atualmente, podemos afirmar com orgulho que possuímos os melhores produtos do mercado.

A expansão internacional do grupo para diversos países me fez renovar as inspirações com foco em fazer em três anos no Mercado Internacional, o que foi realizado em 30 anos no Brasil.

Mais do que nunca, é essencial que nossos líderes preparem suas equipes para levar saúde e bem-estar para as pessoas de toda parte do mundo, através do nosso comprovado modelo de negócios.

Hoje, graças a Deus e aos anos de dedicação, Zenilda e eu lideramos várias frentes de mercado. De 1987 para cá, como já mencionado, nós nos tornamos o primeiro casal brasileiro a ser graduado no nível Diamante. Hoje somos sócios de uma Holding Internacional com unidades em sete países e equipes de vendas em dezenas de outros países. Dá até para dizer que somos ricos em idiomas e moedas diferentes.

O esforço só é expresso em recompensa quando uma pessoa se recusa a desistir.[1]

Napoleon Hill

---

1   HILL, Napoleon. *A escada para o triunfo*. São Paulo, Editora Citadel, 2016.

O MARKETING DE RELACIONAMENTO

Agora que você conheceu um pouco da minha trajetória, é hora de apresentar a essência do meu modelo de negócios: o Marketing de Relacionamento. Ele se baseia na formação empresarial e na construção de equipes de vendas de alta performance através de um sistema multiplicador.

Meu objetivo com este livro é inspirar você a empreender e ter sucesso com essa metodologia e, para isso, vou compartilhar todas as ferramentas que usamos, aplicadas e comprovadas por milhares de empreendedores bem-sucedidos há mais de três décadas ao redor do mundo.

Você vai entender como esse modelo de negócios funciona e as maneiras de colocá-lo em prática para alcançar suas metas. Vai poder empreender usufruindo de todos os benefícios de um negócio tradicional, mas sem os seus custos e riscos típicos. Vou transmitir a você, de forma simples, um conhecimento e uma ferramenta que aprendi a duras penas.

Mas, antes disso, precisamos moldar a sua visão para chegar ao topo. Na próxima parte, vou estimular você a abrir a sua mente. Você vai entender como funciona o pensamento de um empresário de sucesso, vai saber como definir o seu propósito e o que precisa fazer para assumir o controle do seu futuro. Vai compreender quais são os melhores caminhos para construir sua liberdade e seu desenvolvimento pessoal frente aos obstáculos da atualidade, além das habilidades que precisa aprimorar para ser um líder de visão, ter clareza de ideias, influência, disciplina e ação.

E eu garanto: com este livro em mãos, somado à mudança de mentalidade e uma boa dose de força de vontade, os resultados virão.

Tenho a convicção de que este livro, resultado de anos de trabalho e dedicação, não será apenas mais um livro na sua prateleira, mas sim uma fonte de inspiração valiosa para sua jornada rumo ao sucesso.

Estou lançando uma luz sobre o caminho do empreendedorismo inteligente. Agora cabe a você decidir se vai desistir ou mergulhar de cabeça nesta oportunidade.

SEGUNDA PARTE

EMPREENDER: POR DENTRO DA MENTE DE UM PRESIDENTE DIAMOND

PENSE COMO UM MILIONÁRIO E VOCÊ SERÁ UM

O mundo dos negócios é um universo fascinante e desafiador, onde o sucesso é muitas vezes alcançado através de uma combinação de habilidades, mentalidade e hábitos bem cultivados.

No âmago do sucesso reside um conjunto de características que são compartilhadas por muitos dos empreendedores mais bem-sucedidos do mundo. São hábitos, segredos e ideias que impulsionam indivíduos como nós rumo ao triunfo bilionário, mas, mais do que isso, são padrões de pensamento que nos ajudam a alcançar nossos objetivos. Entre eles estão habilidades e talentos que podem ser desenvolvidos por meio do esforço e da *prática* contínua, a coragem para assumir riscos e mentalidade orientada para soluções, com foco em buscar oportunidades em meio às adversidades.

Entre essas ferramentas, a que mais ganha a minha atenção, e que, por esse motivo, é o primeiro tema no qual quero me aprofundar nesta parte, é a **Mentalidade da Abundância**. Pessoas bilionárias acreditam que há oportunidades ilimitadas disponíveis para quem estiver disposto a buscá-las. Esse conceito mudou a minha vida, e acredito que pode mudar a sua também.

Preciso lhe contar uma coisa que aprendi com T. Harv Eker em sua obra revolucionária *Os Segredos da Mente Milionária*[2]. O segredo para a riqueza não está apenas em adquirir mais conhecimento sobre finanças ou trabalhar cada vez mais – claro, sabemos que isso também faz parte –, mas em transformar nossas crenças e padrões de pensamento em relação ao dinheiro, detectando os "arquivos da riqueza" negativos que estão enraizados em nossas mentes (aqueles pensamentos limitantes que nos impedem de alcançar nosso potencial financeiro), para depois superá-los.

---

[2] EKER, T. Harv. *Os segredos da mente milionária*. São Paulo, Editora Sextante, 2006.

Mesmo que você tenha todo o conhecimento e toda a qualificação do mundo, se o seu modelo mental não estiver programado para o sucesso, você estará condenado financeiramente.

Nosso cérebro é uma poderosa ferramenta capaz de moldar a nossa realidade. Logo, é possível desafiar as crenças convencionais sobre dinheiro e propor a si mesmo(a) uma abordagem inovadora, centrada na mudança de mentalidade e na adoção de hábitos comuns nas pessoas bem-sucedidas.

Desde o início, entendi que o dinheiro é uma ferramenta poderosa, que pode transformar vidas. Eu jogo o jogo do dinheiro para ganhar, e minha intenção é criar riqueza em abundância, não apenas para mim, mas também para impactar positivamente as pessoas ao meu redor. Com essa mentalidade, eu admiro e sigo o modelo de pessoas ricas e bem-sucedidas, aprendendo com seus hábitos e estratégias para alcançar meus próprios objetivos.

Na prática, você precisa treinar sua mente, cultivando modos de pensar e de agir que levam à riqueza, de maneira que você assuma o controle da sua vida financeira. Para exercitar esse pensamento, diga em voz alta para si mesmo(a): "Eu crio o meu sucesso financeiro".

Acredito firmemente que o dinheiro é importante. Ele significa liberdade e torna a vida mais agradável, permitindo-me explorar novas oportunidades e proporcionar conforto à minha família. *Eu quero e vou enriquecer fazendo o que amo, cultivando esse privilégio todos os dias, sabendo que minha paixão e dedicação são as chaves para um sucesso contínuo.*"

Acredite que você merece ser rico porque agrega valor à vida das pessoas. Repita isso como um mantra. Dessa forma, cada projeto que executar, cada serviço que oferecer, cada venda que realizar, terá como objetivo melhorar a experiência e o bem-estar daqueles que o cercam. Isso retornará na forma de abundância para sua vida. Sendo um doador generoso, será também um excelente receptor. Resumindo: a generosidade cria um ciclo de prosperidade que beneficia a todos.

Esses são princípios que adotei para a minha vida. Posso afirmar que desde o momento em que passei a alimentar uma mentalidade de abundância, focada na criação de oportunidades e no desenvolvimento pessoal contínuo, a minha realidade mudou drasticamente para melhor. Isso porque aprendi a me sentir digno do melhor, e foi essa compreensão que criou uma atmosfera de abundância ao meu redor. O resultado? Ao longo da minha carreira, fiz os melhores cursos e compareci aos mais conceituados eventos no Brasil, nos EUA, na Europa e no Japão. Também fui aos restaurantes mais refinados, fiquei hospedado nos mais incríveis hotéis, dirigi os carros mais potentes e levei minha família para as viagens mais memoráveis.

Lembre-se de algo fundamental: se você busca viver confortavelmente agora, encontrará muitos obstáculos para acumular riqueza de maneira sustentável.

Por outro lado, se se dedicar a construir sua riqueza, estará no caminho certo para alcançar uma vida confortável.

Pessoas de mentalidade ligada à pobreza gostam de pensar em ter dinheiro; as conectadas à abundância fazem acontecer para alcançarem a situação financeira desejada. Quem entende esse conceito muda a mentalidade e voa. É um processo exponencial, como se fosse uma longa escada que você mesmo está construindo enquanto sobe degrau a degrau. Dá para descansar um pouquinho e tomar fôlego entre um lance e outro, o que não dá, mesmo, é para descer, por exemplo, dando importância às inseguranças e às distrações que podem aparecer para desviá-lo(a) de seus objetivos.

Nessa subida constante, é importante estabelecer objetivos financeiros a curto, médio e longo prazos. Tenha-os claros e acompanhe-os. Firme este compromisso consigo mesmo(a), e não só pelo seu futuro, mas pelo bem dos que lhe são importantes. Você terá que fazer alguns sacrifícios, é verdade, mas abdicar de algumas coisas faz parte do processo.

EU MEREÇO, E VOCÊ?

Note que a abundância também envolve a percepção de merecimento. É interessante notar como nossa mentalidade está propensa à escassez. Refletindo muito sobre esse problema, percebi que isso é tão comum que decidi incluir etapas desse tipo de desbloqueio nos treinamentos que faço. É um conhecimento prático que, agora, vou dividir com você, para que possa reprogramar a sua mente rumo ao sucesso financeiro.

Por meio de exercícios e reflexões, você vai aprender a identificar e substituir padrões de pensamento prejudiciais por crenças positivas e capacitadoras. E eu garanto: com a prática regular dessa técnica, você vai criar uma base sólida para uma vida de prosperidade. Vamos ao passo a passo:

1. **Identifique quais são suas crenças limitantes** relacionadas ao dinheiro, pois esse tipo de pensamento pode estar sabotando seu sucesso financeiro. Faça uma lista de todas as ideias negativas que você costuma dizer para si mesmo nas mais diversas situações, como, por exemplo, "dinheiro é a raiz de todo mal" ou "eu nunca serei rico".

1. _____

2. _____

3. _____

4. _____

5. _____

6. _____

7. _____

8. _____

9. _____

10. _____

2. **Agora, sinta-se encorajado a questionar a validade dessas afirmações, contrapondo-as com afirmações positivas relacionadas à riqueza e ao sucesso financeiro.** Por exemplo:

"Eu sou digno de prosperidade e da abundância", "Eu mereço a riqueza financeira", "Eu atraio oportunidades financeiras em minha vida".

Repita essas afirmações diariamente, e perceba como elas vão ajudá-lo(a) a reprogramar a mente subconsciente para aceitar e buscar o sucesso financeiro.

1. _____
2. _____
3. _____
4. _____
5. _____
6. _____
7. _____
8. _____
9. _____
10. _____

3. **Pratique a técnica da visualização criativa.** Visualize vividamente suas metas financeiras sendo alcançadas. Imagine-se vivendo a vida dos seus sonhos, desfrutando da liberdade financeira e realizando seus objetivos.

Quanto mais realista e detalhada for a visualização, mais eficaz ela se tornará. Por exemplo:

"Eu me imagino, daqui a três anos, subindo ao próximo nível na carreira, tendo uma equipe de 40 pessoas trabalhando comigo, tendo uma estabilidade financeira que me proporcione liberdade para trabalhar conforme meus horários, aliando qualidade de vida e tempo com minha família. Eu me vejo em uma casa grande, confortável, em um bairro nobre da cidade onde vivo, com uma esposa companheira e dois filhos saudáveis".

4. **Escreva** três coisas pelas quais você é grato em termos de finanças. Esse exercício vai ajudá-lo a mudar o foco da escassez para a abundância, criando uma mentalidade mais próspera. A prática da gratidão nos mantém em um estado mental mais positivo, facilitando os caminhos para a prosperidade. Por isso, com o tempo, é interessante criar um diário da gratidão financeira, no qual você pode anotar uma razão por dia para agradecer pelo que já possui e, até mesmo, pelo que vai conquistar.

1. _____

2. _____

3. _____

5. Crie um plano de ação claro e realista para alcançar suas metas financeiras. Você pode definir metas específicas, como criar um orçamento, investir em educação financeira e buscar oportunidades de renda adicional. Ter um plano tangível ajuda a manter o foco e a motivação ao longo do caminho.

Metas a curto prazo (de 0 a 2 anos):

_____

_____

_____

_____

Metas a médio prazo (entre 2 e 5 anos):

_____

_____

_____

_____

Metas a longo prazo (acima de 5 anos):

_____

_____

_____

_____

Uma das grandes verdades que compartilhei com as novas mentes empreendedoras que frequentaram as minhas mentorias – e que, agora, compartilho com você também – é a seguinte: se você achar que não merece ser rico, não ficará rico. É simples assim.

Hoje posso afirmar que a mentalidade correta, aliada à execução de um plano estratégico consistente, nos deu as condições necessárias para aperfeiçoar os negócios, as abordagens e os produtos que fizeram de nós a maior empresa do segmento do mundo.

Pensamos grande. Focamos em uma equipe que atua como uma rede robusta, e essa união colaborativa fez com que a prosperidade atingisse todos os membros da nossa equipe. Criamos um exército de colaboradores, formamos milhares de parceiros de negócios e conseguimos que centenas de milhares de pessoas pudessem ser beneficiadas com os efeitos ortopédicos e as energias exclusivas dos nossos produtos.

Dos hábitos aparentemente simples até as grandes ações, quase tudo o que fazemos tem foco nos nossos objetivos. Sendo ainda mais claro: se você quer se tornar rico daqui a um, dois, dez ou trinta anos, perceba que as suas ações de hoje vão determinar se a sua meta será ou não realizada.

Um dos pensamentos mais relevantes que logo encontramos no livro de T. Harv Eker e que sempre levei comigo, é que as pessoas ricas acreditam na seguinte ideia: **"Eu crio a minha própria vida". Já aqueles de mentalidade pobre acreditam numa segunda ideia: "Na minha vida, as coisas acontecem."**[3]

---

3   EKER, T. Harv. *Os segredos da mente milionária.* São Paulo, Editora Sextante, 2006.

Portanto, é você quem desenha sua história de sucesso. Ser bem-sucedido é muito mais uma questão de assumir as rédeas da sua vida e ser protagonista da sua história, entende? Você precisa agir para ganhar confiança e seguir em frente. Nesse trajeto, erros podem – e vão – acontecer, mas você não deve se deixar abater por eles, porque **quando encaramos nossos medos, a nossa autoconfiança aumenta.**

Aqui, a pergunta mais importante é: **você vai aproveitar esse aviso para crescer, arregaçar as mangas e ser o protagonista da sua própria vida ou vai ficar acomodado, esperando e aceitando pacificamente o que vier?**

> Uma mentalidade forte é capaz de despertar energia e, com isso, atrair as pessoas até você. Nas vendas, isso é tudo o que você precisa para faturar mais.

João Rodrigues da Silva Neto

MURAL DA VISÃO PARA UMA VIDA EXTRAORDINÁRIA

Outra ferramenta usada por pessoas que alcançaram o sucesso seguindo os passos da psicologia positiva (aprofundarei esse assunto mais adiante) está no **Mural da visão para uma vida extraordinária**. Trata-se de uma variação dos recursos práticos que já sugeri até aqui para ajudar você a visualizar seus objetivos e encontrar caminhos para transformá--los em realidade. É o tipo de prática que estimula a produção de dopamina, também conhecida como "hormônio da persistência", direcionando o seu cérebro para pensar em estratégias de alta performance que o farão atingir suas tão sonhadas metas.

O processo de realização de um sonho se dá em quatro estágios: **sonho, visão, objetivo e ação**. Funciona assim: a partir do sonho, cria-se uma visão positiva de futuro, e esta, por sua vez, é transformada em um objetivo, que o leva a tomar ações.

Crie seu mural da visão para uma vida extraordinária

1. Defina metas e objetivos nos campos pessoal e profissional.

2. Estabeleça um prazo para que eles sejam realizados.

3. Determine a forma como irá realizá-los – pense nos caminhos que vai seguir.

4. Pesquise na internet fotos que representem seu futuro extraordinário, ou, caso prefira, faça ilustrações de imagens que representem os objetivos que você almeja em todas as áreas da sua vida, e cole-as em uma espécie de mural.

5. Exemplos de meta: casa dos sonhos; o biotipo corporal que você deseja; a conclusão de um curso. A escolha das imagens depende da sua necessidade.

6. Mantenha o foco no resultado, não no processo. Caso o seu sonho seja ser mãe/pai, é recomendado que use uma imagem de uma criança, não de uma mulher grávida.

7. Feito isso, escolha um lugar em que apenas você poderá visualizar seu mural todos os dias. Cole-o em um local como a porta do seu guarda-roupas ou mantenha-o apenas na versão digital, seja no seu computador ou no seu celular.

8. De olhos fechados, respire fundo e entre na imagem, vivencie a cena, sinta-a. Tenha vontade e determinação de realizar cada uma das metas que você estabeleceu.

PAIXÃO PELO QUE FAZ E PROPÓSITO DEFINIDO

Você já se perguntou por que uma empresa como a Apple consegue arrastar multidões em suas lojas para comprar o último lançamento de um produto caro? Ou por que alguns líderes conseguem atrair legiões de seguidores? E por que alguns vendedores se destacam, chegam ao topo e se tornam Diamantes?

Uma das características mais comum em empresários de sucesso é o fato de compartilharem a paixão pelo que fazem e terem um propósito definido. Comece se perguntando: "por que eu me levanto da cama todas as manhãs?".

Vou exemplificar com a história do meu pai. Quando ele decidiu largar a vida na roça e partir para a área de vendas, seu propósito não era vender tratores, mas, sim, ter mais qualidade e vida. Para isso, ele sabia que precisava de um trabalho menos pesado, menos cansativo, e que lhe proporcionasse tranquilidade financeira. Esse era o motivo que o fazia acordar cedo todos os dias e sair para trabalhar.

A partir do propósito (o **porquê**), é preciso ter clareza sobre a maneira (o **como**) que você vai adotar para atingi-lo. Perceba que fica mais fácil colocar esse método em prática pensando nessa ordem. Pergunte-se: "como posso fazer para tornar o meu propósito realidade?".

Meu pai, o "Seu" Oscar, por exemplo, sabia que, no caso dele, o caminho para alcançar a tão sonhada qualidade de vida estava nas vendas, que aquele seria um trabalho com grandes possibilidades financeiras e que lhe exigiria muito menos esforço do que a lida dura no campo.

Se, assim como ele, você entender que o seu "**como**" está centrado nas vendas, o próximo passo é se perguntar:

"Como posso captar clientes para vender? Como vou agir para me diferenciar no mercado? Quais são as minhas competências e paixões que me diferenciam dos demais?".

Perceba agora que o último item desse ciclo é "o **que**" você vende. No caso do meu pai, eram os tratores. Note: ele não se levantava cedo da cama para vender tratores, ele fazia isso para melhorar sua vida financeira e ter mais saúde. A venda dos tratores seria o meio pelo qual ele atingiria esse objetivo.

Logo, não importa o que você venda, o sucesso dependerá do quão definido é o seu propósito. O grande segredo desse pensamento é que, quando começamos pelo "o **que**", não inspiramos pessoas, pois esse estímulo funciona a curto prazo. E quando você se torna um líder, passa a ter uma equipe para inspirar todos os dias. Agora, reflita: você acha que as pessoas do seu time sairão de casa mais inspiradas para vender a partir do "**porquê**", do propósito de cada um, ou do "o **que**" elas vão vender?

Entrei para o ramo de vendas inspirado na trajetória do meu pai, de início, pensando somente em ganhar dinheiro para ter uma vida melhor com um trabalho rentável e menos sofrido do que eu tinha experimentado até então. Eu sonhava em dar uma vida melhor para a minha esposa e filhos, com uma boa casa para morarmos, quitada, além de uma condição financeira estável que nos proporcionasse viagens, passeios, momentos de lazer e felicidade. Quem não quer isso? Mas o meu real propósito eu só fui descobrir mais tarde, quando entendi que ele estava ligado à minha vocação.

A chave do meu projeto de vida não estava em vender, mas em desenvolver e transformar pessoas. Era isso que eu amava fazer, essa era a minha paixão. Indo além, não se tratava só de transformar pessoas, mas de transformá-las para que pudessem usufruir da abundância financeira que chegou até mim, ou seja, instruir e impactar vidas para o sucesso financeiro.

O exercício a seguir vai ajudar você a identificar o seu propósito:

Seu propósito é o início de tudo, é o que vai justificar o fato de você exercer a sua profissão, por isso é preciso tê-lo claro em sua mente. Para encontrá-lo, responda essas perguntas:

- Por que você sai da cama todas as manhãs?

- Qual é a principal razão/ inspiração para o seu trabalho?

_____

_____

- Quais são os seus principais valores nos aspectos pessoal e profissional?

_____

_____

- O seu campo de atuação tem a ver com os seus interesses e habilidades?

_____

_____

- Qual legado gostaria de deixar no mundo? Por que a empresa ou os seus líderes devem acreditar nisso?

_____

_____

Depois de entender qual é o seu propósito, fica mais fácil ter clareza de como você deve agir para alcançá-lo. Então, responda:

- Qual será o caminho percorrido para cumprir o seu propósito e alcançar seus objetivos? Quais vão ser as suas ações específicas para a realização do seu "porquê"?

_____

_____

- Como você vai fazer para chegar lá? Vai precisar de clientes? Pense onde irá captá-los. Vai precisar de qualificação? Pense em como consegui-la. Serão necessárias ferramentas, materiais de trabalho e outros recursos? Escreva quais são eles. Isso vai ajudar você a desenhar um plano de ação.

_____

_____

Em 1962, durante uma visita às instalações da NASA, o Presidente John F. Kennedy encontrou um faxineiro e perguntou sobre seu trabalho. Com orgulho, o faxineiro respondeu: "Eu ajudo o homem ir à Lua!".

Essa resposta simples, mas profunda, destaca a compreensão do faxineiro sobre seu papel crucial na missão da NASA. Ele via seu trabalho, por mais humilde que fosse, como parte essencial de um objetivo maior.

Essa história ressalta a importância de ver naquilo que você faz um propósito maior, inspirando dedicação e excelência em todos os níveis.

Uma pessoa com propósito e competência é capaz de criar e manter soluções, além de fidelizar pessoas.

Responda, agora, essas perguntas para deixar mais claro o que você faz:

- O que você faz? Qual é a consequência do seu propósito?

_____

_____

- O que, de fato, sua empresa e você estão oferecendo para os consumidores e o mercado? Qual será a solução que você vai levar para seus clientes, que refletirá tudo o que você aprendeu até aqui?

_____

_____

TUDO COMEÇA COM UM SONHO, MAS É PRECISO PERSISTIR

Sonhar é o primeiro passo para o empreendedorismo. Tudo o que tenho hoje foi sonhado por mim um dia, e os sonhos são, certamente, o maior motor da vida humana. Eu tinha o sonho de sair do trabalho duro, da roça, de pagar minhas dívidas, de ter minha própria casa, de proporcionar uma vida melhor para a minha família. Foi esse o combustível necessário para a minha jornada que me deu forças para enfrentar todo tipo de adversidades e chegar ao topo do nosso sistema.

Porém apenas sonhar não é suficiente para nos fazer alcançar o sucesso. O sonho gera movimento, dá o impulso para que possamos correr atrás das nossas metas e não desistir. É aquela luz que enxergamos no fim do túnel e tanto queremos abraçar. Mas o que fará com que cheguemos até lá são as nossas ações, a união do nosso esforço com as nossas habilidades, os nossos bons hábitos e a nossa mentalidade direcionada à abundância.

Empreendedores bem-sucedidos entendem que o caminho para o sucesso raramente é linear; pelo contrário, está repleto de altos e baixos. Perceba que algumas pessoas costumam falar tanto dos problemas que passam a ser parte deles. Mas é importante entender que alguns obstáculos e contratempos são inevitáveis, por isso eis o que leva à necessidade de trabalharmos a persistência.

Ser persistente envolve a habilidade de agirmos com certa constância a fim de alcançarmos um objetivo. É insistir nos nossos planos mesmo diante dos empecilhos. É não nos deixarmos abalar quando precisamos encarar o fracasso. Eu sou um exemplo disso, pois caí algumas vezes e me levantei. Houve muitos momentos em que eu poderia ter desanimado e desistido de tudo, como quando a empresa japonesa foi embora do Brasil, mas graças à minha firmeza e garra, além da força da minha companheira, Zenilda, isso não aconteceu.

Durante os meus treinamentos, um conselho que costumo dar para viabilizar a prática dessa habilidade – algo que pessoas de alta performance têm o hábito de fazer – é treinar a visão de longo alcance, ou seja, aprender a enxergar o seu objetivo a longo prazo. É se questionar constantemente para afinar suas perspectivas em relação ao que você deseja, e analisar o caminho que pretende percorrer para dar vida a isso.

No meu caso, mesmo nos momentos de maior dificuldade, continuei seguindo em direção aos meus objetivos. Refleti sobre as possibilidades, analisei todos os caminhos que existiam para recomeçar, montar um novo negócio, treinar equipes de vendas e criar um plano de marketing. Eu acreditei piamente que o meu objetivo era alcançável, e isso me energizou para continuar tentando. Lembrei-me do sucesso de outrora, e isso me ajudou a ser perseverante.

Eu sabia que daria certo se tentasse de novo, mas também sabia que o sucesso não viria da noite para o dia. Por isso, precisei manter o foco e entender a importância dessa mentalidade dentro dos moldes do caminho para o sucesso.

Seguindo essa linha de pensamento, assim como eu, você passará a enxergar os contratempos como oportunidades de aprendizado e desenvolvimento pessoal, e entenderá que os fracassos temporários não definem o seu valor ou o seu potencial. Nesse ponto, tão importante quanto a obstinação é estar disposto a aprender com os seus erros e repensar as abordagens necessárias para cada tribulação.

Vendo por outro lado, as adversidades nos fortalecem, e se você não sai delas fortalecido, então não aprendeu a lição que lhe foi dada. Pense nos percalços como lembretes de que sua atenção foi posta de lado em algum ponto da rota. Dessa forma, você se lembrará de ficar mais atento da próxima vez. Lembre-se também de que pessoas extremamente bem-sucedidas, donas de patrimônios consideráveis, crescem solucionando problemas.

Aqueles que geram riquezas imensuráveis estão sempre empregando seu tempo e energia pensando em estratégias ou respostas para os desafios que surgem, criando sistemas para garantir que os mesmos problemas não voltem a ocorrer. São pessoas que não fogem das adversidades, não se esquivam nem se queixam delas. Eu gosto de os imaginar como guerreiros, aqueles que, antes de tudo, conquistam a si mesmos.

A capacidade de se levantar após um revés é uma característica marcante dos empreendedores de sucesso.

João Rodrigues da Silva Neto

PSICOLOGIA POSITIVA E AUTORRESPONSABILIDADE

A psicologia positiva visa melhorar a qualidade de vida das pessoas, promovendo emoções otimistas, relacionamentos saudáveis e um senso de propósito e significado na vida.

Essa forma de pensar começou a ganhar destaque na década de 1990 com o trabalho do psicólogo Martin Seligman, da Universidade da Pensilvânia, nos Estados Unidos. Em 1998, ele foi eleito presidente da Associação Americana de Psicologia (APA) e utilizou seu discurso de posse para promover a ideia de uma abordagem mais positiva na psicologia, que se concentrasse não apenas nos aspectos patológicos, mas também na capacidade da mente humana de gerar esperança e criar realidades mais prósperas.

Em resumo: a psicologia positiva oferece boas práticas para que seja possível alcançar maior satisfação e felicidade na vida, explorando temas como a gratidão e a resiliência. A intenção é que possamos entender e cultivar o nosso potencial, enfatizando o seu desenvolvimento e aumentando a sensação de bem-estar pessoal ao fazê-lo. Isso acaba nos munindo da motivação e da energia necessárias para melhorar nosso desempenho e conquistar nossos objetivos. Por esse motivo, ela é tão aplicada no mundo dos negócios.

No ambiente corporativo, agir conforme essa visão pode acabar virando a chave para muitas pessoas no processo de desenvolvimento profissional. Foi o que aconteceu comigo. Sabe aquela história de sempre enxergar o copo "meio cheio"? Esse é um dos segredos da psicologia positiva para que se leve uma vida mais satisfatória: é preciso aprender a modelar a nossa mente de uma forma mais otimista.

Ao longo dos anos, também encontrei refúgio e inspiração na leitura da obra *A Lei do Triunfo*, do escritor estadunidense Napoleon Hill[4].

---

4   HILL, Napoleon. *A lei do triunfo: 16 lições práticas para o sucesso*. São Paulo, Editora José Olympio, 2014.

Nascido em 26 de outubro de 1883 no Estado da Virgínia, nos Estados Unidos, ele atuou como assessor de Thomas Wilson e de Franklin Roosevelt, ex-presidentes dos Estados Unidos. Uma das frases célebres de sua obra, na minha opinião, é: *"Aquilo que a mente humana pode conceber e acreditar, também pode concretizar"*. Eu segui esse conceito à risca, mantendo-me positivo e resiliente, e posso lhe garantir que muitas pessoas de sucesso por aí, que você admira, com certeza também seguiram por esse caminho.

Você deve estar pensando em quão difícil deve ser sustentar esse pensamento otimista ao passar pelos percalços da vida. Uma das premissas da psicologia positiva é a autorresponsabilidade: ela serve para mostrar que cada um de nós tem o poder de mudar a nossa própria realidade. Em outras palavras, você é o único responsável pela vida que está vivendo neste momento. Você está onde se colocou e só você poderá mudar esse destino.

Você é insubstituível porque é você.

João Rodrigues da Silva Neto

Mas, para a psicologia positiva, mais do que mérito das ações, sua vida também é afetada pela qualidade de seus pensamentos, seus comportamentos e suas palavras. Para isso, é preciso treinar o cérebro a fim de deixar os padrões negativos de lado, exercitando, com frequência, mecanismos de gratidão a resiliência.

Um dos preceitos da psicologia positiva é: **não reclame. Dê sugestões.** Você já reparou como é chato estar ao lado de pessoas que só reclamam da vida, mas não fazem nada para mudá-la? Não seja uma dessas pessoas! Tomando como base o meu exemplo, quando a empresa japonesa foi embora do Brasil e eu me vi sem trabalho, por um tempo eu os culpei. Mas, a partir do momento em que deixei de reclamar e foquei na solução do problema, tudo começou a mudar. Portanto, pare de ficar reclamando pelos cantos, resmungando e focando nos problemas.

Acima de tudo, não culpe outras pessoas pelo seu fracasso. A autor-responsabilidade não nos permite assumir o papel de vítima, pois, ao fazê-lo, abrimos mão do nosso poder e de nossa capacidade de mudança. Em vez disso, seja positivo, trabalhando de fato essa mentalidade, sem atalhos, não somente no trabalho ou no que se refere à sua vida financeira, mas com sua família, sua vida espiritual e sua saúde.

Sempre que um problema – por maior que ele pareça – vier atrapalhar seus pensamentos, repita para si mesmo o quão pequeno ele é. Redirecione seu foco para si mesmo, respire fundo e repita internamente que nenhuma dificuldade ou obstáculo estragará sua felicidade ou bloqueará a vinda de seu sucesso.

Entenda que a sua riqueza cresce em conjunto com a sua mente, portanto, quanto mais otimista for a sua atitude para com as dificuldades, mais próspero você será nos negócios. A regra é: **não critique. Mostre novos caminhos.** É melhor ficar calado do que fazer críticas, mesmo se forem "construtivas". Foque suas energias em encontrar uma solução. Críticas não vão tirá-lo do lugar onde está; buscar novos caminhos, sim!

"Ah, mas João, como faço para redirecionar o foco se sou o culpado de a situação estar ruim?"

Se estiver pensando dessa forma, já começou errado! Você sabe por que os adultos gostam de se vitimizar? Porque essa atitude remete à infância, quando agiam dessa forma e ganhavam carinho e atenção dos pais. Claro que era gostoso, mas agora você é um adulto, e precisa ser responsável pelos seus atos. Fazer-se de vítima não resolve seus problemas. Se for para se fazer de algo, que seja de vencedor(a). Esse é seu objetivo, não é mesmo? Então, não se faça de vítima. Você é um(a) **vencedor(a).**

Seja na vida pessoal, seja na profissional, às vezes cometemos erros. Errar é comum entre as pessoas de sucesso, porque essas pessoas se arriscam; elas têm uma ideia, têm planos e os colocam em prática. Errar é uma etapa que não pode ser temida. Aprenda com seus erros.

Quando contei minha história neste livro, abrindo o meu coração, não tive medo de dizer quando errei; mas aprendi com todos os meus erros. Lembra-se de quando eu disse que não dava para cuidar de tudo, de todo o processo? Quando aprendi com isso e foquei no que realmente gostava, o desenvolvimento de líderes e vendedores, as coisas deram mais do que certo. Então, **não justifique seus erros. Aprenda com eles**. Não os ignore, corrija a rota e siga em frente novamente.

Se perceber que está indo pelo mesmo caminho, ano após ano, é um sinal de que está desperdiçando sua energia indo em busca de culpados, não soluções. Quando culpamos os outros pelos nossos erros e fracassos, deixamos de analisar a essência do problema. Mas, se em vez disso, formos atrás da resolução das coisas, mudamos de rota completamente, ou, no mínimo, diminuímos as chances de errar novamente. Então, anote isso para sua vida: **não busque por culpados. Encontre soluções.**

E por que precisamos demonstrar a positividade com frequência? Bem, você conhece aquela história de que o universo conspira a nosso favor? Pois é, a energia viaja em frequência e vibrações. Então, pense que suas palavras têm poder: se você vibra coisas negativas, acaba se conectando com a negatividade, e se vibra energia positiva, esta encontrará o caminho até você para vir abençoá-lo.

Declare em voz alta as coisas positivas das quais se orgulha de ter conquistado: uma graduação que finalizou, apesar das dificuldades, mas que lhe concedeu aquele diploma tão sonhado; a família que você formou, o filho tão esperado, o carro ou a casa que conseguiu quitar; aquele cliente importante que cativou. Diga tudo isso em alto e bom tom, pratique a gratidão.

Quer um exemplo? Pense que sua casa precisa de uma reforma, pois você não está satisfeito com o estado atual em que ela se encontra. Cada vez que passa pela cozinha e vê a tinta da parede desgastada, fica triste e já começa a reclamar: só consegue enxergar o aspecto negativo da casa, o efeito que o passar dos anos causou a ela.

Agora, vamos exercitar a psicologia positiva dentro desse exemplo? Agradeça pela casa confortável onde você mora com a sua família. As marcas que ela possui são sinais de que bons momentos foram vividos ali; e muitos mais ainda estão por vir.

Diga bem alto: "Já me imagino dentro de um ano com dinheiro suficiente para uma boa reforma, e essa casa, que já é linda, ficará ainda mais. Imagino essa parede pintada de verde e novos armários de madeira na cozinha. Quero aproveitar e abrir uma janela maior para apreciar a luz do sol que bate aqui pela manhã; quero me lembrar do quão belo é esse espaço que adquiri, fruto do meu trabalho".

A energia que suas palavras positivas emanam são enviadas não somente para o universo, mas para o seu subconsciente, e, por isso, ao exercitar constantemente essa habilidade, você notará as mudanças acontecendo em sua vida.

> Entre no jogo para ganhar, não apenas para não perder. Faça a sua história, afinal, você é o protagonista dela.

João Rodrigues da Silva Neto

As declarações positivas, quando praticadas com consistência e convicção, podem ajudar a reprogramar sua mente para alcançar seus objetivos e atrair experiências gratificantes em sua vida. O exercício abaixo ajudará você a colocar esse conceito em prática:

- Identifique o que você deseja atrair, por exemplo, um emprego novo, uma promoção na carreira, a melhora de algum problema de saúde...

- Formule afirmações positivas que expressem seus desejos, mas nunca no futuro, sempre como se já estivessem acontecendo. Por exemplo: "Eu sou amado e valorizado", "Eu alcanço o sucesso em tudo o que faço", "Eu desfruto de uma saúde vibrante".

- Repita essas afirmações, de preferência, diariamente, para reforçar sua mentalidade positiva e condicionar sua mente a acreditar nesses resultados. Defina um horário para incluir esse hábito na sua rotina. Por exemplo, assim que acordar, após o almoço, no banho ou antes de se deitar.

Sem objetivos, sem metas; sem metas, sem sucesso.

Mudando a sua mentalidade e tendo o sucesso como um propósito claro, o próximo passo é apropriar-se da visão dos pormenores do que deseja alcançar, e assim definir suas etapas, ou seja, criar metas. Costumo dizer que se não há um objetivo maior estabelecido, não há como criar metas. E sem elas, o sucesso não virá. Portanto, metas claras e específicas servirão como um guia para todas as ações e as decisões futuras. É importante estabelecê-las visando algo tangível e alcançável. Pense que seu objetivo maior é algo macro, e isso muitas vezes pode parecer impossível de ser alcançado, chegando a ser desanimador. Quebrar seu objetivo maior em várias pequenas metas possíveis é fundamental para ver o progresso acontecendo e manter o ritmo, já que, de peça em peça, acabamos montando grandes quebra-cabeças. É essa visão de micro e macro que devemos ter.

Vamos pensar em um exemplo: meu objetivo maior é correr 1.000 km por ano. Isso significa correr uma média de 83 a 84 km por mês. Ao quebrar esse objetivo em metas mensais, semanais e diárias, fica mais fácil visualizar o que precisa ser feito para alcançar o resultado final. Se você precisa correr 84 km mensais, considerando que você use apenas os 20 dias úteis do mês, sua meta é de 4,2 km por dia. Se algum desses dias ficar para trás, pelo motivo que for, recalcule sua meta para o dia seguinte ou acrescente um dia a mais de corrida: sábado, por exemplo. Dessa forma ficará mais fácil acompanhar o seu progresso e avaliar de perto as pequenas conquistas, cada uma delas contribuindo para a conquista maior.

Por mais que soe clichê, de tantas vezes que ouvimos isso ao longo da vida, trata-se de uma verdade que precisa ser constantemente relembrada: planejamento estratégico é fundamental. Sem estratégia, você não faz nada dar certo.

Particularmente, o planejamento já fazia parte da minha vida desde o meu trabalho na roça. Quem já passou por uma experiência assim vai entender quando digo que temos que esperar a época certa para o plantio, planejar com antecedência a sua execução e, depois, prever a colheita, pois há também o momento correto para ela. Tudo é estratégia.

Nós seguíamos um cronograma à risca; cada etapa era previamente pensada, do contrário, poderíamos perder tudo. Todo planejamento requer disciplina; não o seguir pode fazer com que você se perca. E digo mais: aprendemos muito com isso, pois não é nada fácil colocar planos em prática, seja no campo, seja na vida.

Porém o planejamento estratégico que hoje carrego comigo é um legado japonês: um plano cíclico, de cinco etapas, no qual organizamos os nossos próximos cinco anos.

Aprofunde o seu planejamento com o nosso Plano Cíclico no QR CODE abaixo:

Estávamos, Zenilda e eu, nos anos 90, preenchendo esses papéis que determinariam os cinco próximos anos. No terceiro ano, ela falou que gostaria de ter um segundo filho, uma menininha – nós já tínhamos o Fábio. Então ela recortou a foto do Fábio para seu mural da visão para uma vida extraordinária e escreveu que gostaria de ser mãe de uma menina. O que aconteceu? Nasceu o João, outro garoto. A falha de Zenilda foi colocar a foto de um menino, uma vez que queria uma menina. Mas, veja, aqui está o poder da mente, porque depois veio a neta, Antonella. Nós aprendemos essa lição muito cedo, graças a Deus, e isso nos ajudou muito.

> # Consagre ao Senhor tudo o que você faz, e os seus planos serão bem-sucedidos.
>
> *Provérbios 16:3 (NVI)*

PLANEJANDO ATINGIR AS METAS

Empresários bem-sucedidos fazem planos a longo prazo porque sabem que o sucesso é uma escada, e que cada degrau corresponde a um passo – dado um de cada vez – em direção à construção de um legado. Esse é o diferencial deles.

Lembro-me de quando Zenilda e eu saímos para vender juntos, com nossas metas diárias todas planejadas. Se batíamos a meta, voltávamos mais cedo para casa. Se não batíamos, no dia seguinte começávamos mais cedo e terminávamos mais tarde para compensar. Cuidando dessa forma, diariamente, nunca chegávamos ao último dia do mês desesperados para bater nossas metas: elas estavam sendo cumpridas no decorrer das semanas. O último dia do mês era normalmente usado para a celebração do nosso sucesso, do cumprimento do nosso plano.

Viu como ter metas claras nos ajuda a nos concentrar com energia e atenção suficientes no que realmente é importante? Em vez de se dispersar em várias direções, um presidente sempre tem foco bem direcionado.

Além disso, as metas nos alimentavam com motivação e determinação. Quando temos metas significativas, ficamos mais propensos ao esforço e à persistência, mesmo diante de obstáculos ou contratempos. Dias difíceis não conseguirão nos parar.

Para nós, alcançar nossas metas nos proporcionava um senso de realização e satisfação pessoal. Tínhamos um propósito, sabíamos que, através das vendas, batendo nossas metas, estaríamos realizando o nosso sonho de prosperar. Cada vez que batíamos uma meta mensal, ganhávamos mais confiança e motivação para continuar buscando novos desafios e oportunidades de crescimento.

Mas, voltando ao planejamento estratégico, e sendo prático, pois meu objetivo é que você termine este livro sabendo exatamente o que fazer, meu conselho é: seja detalhista. Descreva as etapas específicas que pretende seguir para alcançar seu objetivo maior. Identifique os recursos necessários, os prazos e as métricas de sucesso para acompanhar seu progresso de perto, ou seja: os lucros que estão entrando, a satisfação e a expansão dos clientes, o engajamento do produto no mercado, entre outras métricas que são adaptáveis ao seu negócio. Por exemplo, para vender 30 produtos no mês, minha meta é de um produto por dia.

Para que isso aconteça, com quantos clientes eu preciso falar no dia? Hoje, eu já tenho esses clientes ou preciso ir atrás de mais? Se preciso buscar 80% desses clientes fora da minha base, como farei? Aonde vou? Quais são os melhores locais para fazer tal coleta? Quantos clientes consigo visitar por dia? Irei visitá-los de carro ou de metrô? De quais recursos preciso para essa visita? Quantas horas por dia vou dedicar para as vendas? De quais recursos preciso? Preciso de um celular ou de computador novos?

Tudo isso é estratégia e precisa estar bem detalhado para poder criar seu "Plano de Ação". Afinal, depois de definir sua estratégia, você precisará agir!

Tendo metas bem detalhadas, você também saberá dizer quais hábitos diários precisam ser acoplados em sua rotina para alcançá-las. Por menor que seja essa meta, ela será impactante a longo prazo, lembre-se desse ponto.

Fora isso, não dissocie a ação da disciplina, pois apenas através do movimento diário – mesmo que mínimo – e contínuo, você será capaz de mensurar os resultados obtidos gradualmente. Portanto, tenha seu objetivo maior, planeje suas metas em partes menores, movimente-se diária e continuamente, tenha disciplina, não perca o foco, e evite distrações e procrastinação. Em suma: esteja disposto a fazer os sacrifícios necessários para alcançar o sucesso.

HÁBITOS E FOCO LEVAM AO SUCESSO

Os hábitos são a espinha dorsal da consistência e do progresso. Empreendedores de sucesso são meticulosos e cultivam práticas que os impulsionam em direção a seus objetivos, o que inclui: **rotinas rigorosas e foco nas tarefas prioritárias.**

A constância é fundamental para o sucesso do empreendedor, seja nas rotinas de trabalho, seja nos compromissos pessoais. Crie hábitos diários, semanais e mensais que o ajudem a maximizar seu tempo e energia. Eis alguns deles:

Sobre os hábitos na rotina

Comece com uma rotina matinal, para iniciar o dia com o pé direito: medite, pratique exercícios físicos, faça uma oração ou qualquer coisa que possa energizá-lo suficientemente para encarar mais um dia.

No trabalho, sua rotina deve ser produtiva. Para isso, é importante manter o foco, evitando dispersões, o que significa saber dizer "não" ao que é menos importante e concentrar-se no que é preciso. Em princípio, tudo é prioridade em nosso trabalho, tudo é urgente, mas é preciso desenvolver a capacidade de identificar as tarefas inadiáveis e priorizá-las. São aquelas que terão maior impacto em seus objetivos e resultados, portanto dedique tempo e energia a elas pensando nessa ordem.

Ao fim do dia, procure manter uma rotina noturna que lhe proporcione relaxar e recarregar as energias, como ler um livro, tomar um banho quente, jantar com a família, fazer um passeio ao ar livre ou, até mesmo, exercícios físicos. Avalie o que se encaixa melhor no seu cotidiano para lhe trazer essa sensação de tranquilidade e descontração.

Cuidar da saúde física, mental e emocional também envolve ter tempo de qualidade com a família e os amigos. Mas veja bem: tempo de qualidade não significa uma "grande quantidade de tempo", muito menos abrir mão do seu negócio em detrimento da família ou vice-versa.

Se você está num momento de ascensão profissional e precisa voltar seus esforços a isso, é totalmente compreensível. Este é o caminho – lembra-se do "desequilíbrio calculado"?

Tempo de qualidade diz respeito aos recortes que precisamos dar: momentos nos quais nos dedicamos ao trabalho que devem ser bem aproveitados, focando nas tarefas prioritárias, sem procrastinação; e momentos com a família – que devem ser especialmente voltados para os entes queridos. Mesmo que no final do dia não tenham lhe sobrado tantas horas para um momento familiar, faça com que cada minuto seja proveitoso: converse sobre o dia, brinque com seus filhos, dê conselhos, faça uma refeição em conjunto. De qualquer forma, vire a chave e desligue o "modo empresa", vivendo o momento presente com atenção plena.

Sobre os hábitos nos estudos e o desenvolvimento pessoal

Ainda sobre hábitos, você já reparou que uma das práticas mais comuns entre grandes empresários é acordar muito cedo – por volta das 5h da manhã? Eles têm esse costume para cuidar não somente dos negócios, mas também de si mesmos, seja estudando, seja se exercitando.

Para eles, não há motivo para parar de estudar, independentemente do horário. Se for preciso acordar cedo para isso, assim será. Conhecimento é poder, portanto esteja disposto a dedicar tempo e recursos a fim de se manter atualizado e relevante em sua área de trabalho. Busque por oportunidades de aprendizado e crescimento; invista em seu desenvolvimento pessoal e profissional, seja por meio da leitura, de cursos, mentorias ou networking.

O compromisso com o seu fortalecimento mental e intelectual constante é fundamental para liderar pessoas. Indivíduos prósperos aprendem cedo em como se manter sempre rumo ao aprimoramento, enquanto aqueles de mentalidade limitada acreditam já saber de tudo.

Faço isso até hoje: nunca parei de estudar. E, como um especialista no desenvolvimento de pessoas e carreiras, posso dizer com tranquilidade que nunca vou parar. Sempre haverá algo que ainda não sei e que posso aprender. Se eu disser que neste momento estou estudando espanhol num aplicativo de celular, você acreditaria? Aprender é um dos hábitos que mais levo para a minha vida: nunca estou sem estudar, mas sim em constante desenvolvimento pessoal, e procuro passar isso para os meus times.

Em resumo: os líderes de sucesso cultivam uma variedade de hábitos que os ajudam a alcançar seus objetivos e a prosperar em um ambiente competitivo. Eles são disciplinados, focados, resilientes e estão sempre buscando oportunidades para aprender e crescer. Esses hábitos não apenas os ajudam a alcançar o sucesso em suas áreas, mas também os capacitam a enfrentar os desafios e as incertezas que inevitavelmente surgem ao longo do caminho.

Quer um exemplo de como aplico o desenvolvimento pessoal contínuo na vida dos meus mentorados? Em minhas empresas, criei um programa de treinamento contínuo. São mais de 25 treinamentos focados em áreas cruciais para o seu desenvolvimento, como técnicas de vendas, liderança, negociação, atendimento ao cliente, inteligência emocional, gestão de tempo, entre outros, todos projetados para garantir que nossa equipe esteja sempre aprimorando suas habilidades e alcançando resultados excepcionais.

> Com o tempo, é difícil manter o espírito de aprendiz, mas sempre lembro que sou fruto de treinamento.
>
> *João Rodrigues da Silva Neto*

Sobre o hábito de networking

Mais do que uma prática comum no mundo dos negócios, o networking pode ser uma ferramenta essencial para o sucesso. Afinal, em um ambiente onde as oportunidades podem surgir a qualquer momento, todo mundo pode ser um cliente em potencial. É por isso que empreendedores e profissionais do negócio estão sempre envolvidos nesse tipo de atividade, seja em eventos específicos, em reuniões informais ou até mesmo em interações cotidianas.

O networking é uma forma poderosa de estabelecer e cultivar relacionamentos profissionais que podem levar a oportunidades de negócios, parcerias estratégicas, colaborações e até mesmo amizades duradouras. Quando você se conecta com outras pessoas em sua área de atuação ou em setores relacionados, tem a chance de trocar conhecimentos, experiências e recursos, ampliando, assim, suas perspectivas e oportunidades de crescimento.

Além disso, o networking não se limita a seus sócios – qualquer pessoa que você conheça pode potencialmente se tornar um cliente, um parceiro de negócios ou um defensor de sua marca. Desde colegas de trabalho até amigos, familiares, vizinhos e conhecidos em eventos sociais: todos têm o potencial de contribuir de alguma forma para o seu sucesso nos negócios.

Não estou falando sobre sair distribuindo cartões por aí, mas sim sobre construir relacionamentos genuínos e significativos, baseados na confiança, na reciprocidade e no interesse mútuo. Isso significa ouvir atentamente, demonstrar interesse pelo que os outros têm a dizer e agregar valor a essas interações sempre que possível.

É importante lembrar, porém, que o networking não pode girar em torno do que você consiga obter dos outros, mas também em torno do que você possa oferecer em troca. Ao compartilhar seu conhecimento, experiência e recursos, é possível construir também uma reputação confiável de generosidade, a qual certamente lhe abrirá portas e gerará oportunidades valiosas. Assim, faça do networking um hábito, e busque constantemente por novos horizontes.

O empreendedorismo de sucesso é a combinação de hábitos consistentes e pensamentos poderosos. Ao adotar esses princípios e incorporá-los em sua própria vida e negócio, você poderá trilhar o caminho em direção ao sucesso bilionário.

Flávio Augusto da Silva

Sobre a Providência Divina

Uma das maiores redes de apoio em qualquer trajetória é a presença de Deus ao nosso lado. Tê-Lo conosco faz toda a diferença. Todo mundo passa por dificuldades, todo mundo está sujeito a quedas, a frustrações, doenças. É inevitável. Isso não significa, porém, que o Divino tenha colocado em nosso caminho mais provações do que possamos suportar.

A grande diferença entre aqueles que se desesperam e os que mantêm a serenidade em seus corações mora na fé e no poder da oração que cada um carrega dentro de si. A fé nos sustenta, não permite que nossos passos vacilem porque nos faz acreditar que aquela dificuldade é passageira e que novos caminhos se abrirão. **A vida é sobre não desistir nos momentos difíceis, pois Deus é o nosso abrigo.**

Quem tem fé é autoconfiante, corajoso e firme diante das provas da vida. Essas características, somadas à busca pelos nossos objetivos, levam à prosperidade. Não sem razão grandes empresários atribuem a Deus a abundância que experimentam em suas vidas.

Logo pela manhã, tenho como hábito orar e agradecer a Deus por mais um dia de vida. A oração é um recurso que utilizo várias vezes ao longo do dia, até a hora de dormir. Seja em viagens, quando estou prestes a enfrentar uma situação difícil, seja diante de uma oportunidade de negócio. É um costume que remonta à época dos meus antepassados e que continua sendo importante até os dias de hoje.

Na mesma medida em que nos proporciona abundância, o Divino também caminha lado a lado com a generosidade. Uma vez que, pelo Supremo, conquistamos nossos sonhos, devemos ser generosos para com os nossos semelhantes. Logo, mais do que reconhecer a importância da gratidão pelo que conquistamos, é vital estarmos dispostos a compartilhar o que recebemos, como estou fazendo agora com você, por meio deste livro.

As oportunidades que chegam até nós precisam ser retribuídas, da mesma forma que, sempre que possível, precisamos criar oportunidades para outrem, exercitando, assim, a generosidade que um dia nos beneficiou. Aqui não me refiro especificamente às oportunidades de trabalho, mas a todos os setores da vida.

Lembre-se sempre de que somos interdependentes. Não raramente nos deparamos com aquele indivíduo que julga saber tudo, que afirma não precisar de ninguém e que não reconhece nem respeita as hierarquias. Quando isso acontece, as desavenças são inevitáveis. E, normalmente, no ambiente empresarial, do mesmo jeito que essas pessoas egoístas sobem, também caem e desaparecem do mercado.

Uma das mais importantes lições que aprendi no mundo corporativo é que, se estou onde estou agora, devo isso a muitas outras pessoas que vieram antes de mim, que acreditaram em mim e que me deram uma oportunidade. Sejamos, portanto, gratos e generosos, para que os nossos fardos se tornem mais leves.

DIÁRIO DA GENEROSIDADE

Nesta dinâmica, você reservará alguns minutos todos os dias para pensar sobre formas de praticar a sua generosidade. Pode ser algo simples, como compartilhar um alimento com um colega de trabalho, ou oferecer-se para ajudar um estranho a carregar sacolas pesadas. Ao escrever regularmente sobre essas pequenas ações, você treinará sua mente para se lembrar constantemente de que é possível ajudar seu time de infinitas maneiras.

Ser uma pessoa generosamente ativa pode melhorar seu bem-estar emocional, pois cativa dentro de você aquela centelha de esperança no amor ao próximo e no senso de comunidade: o seu time é a sua comunidade!

Proponho que comece já! Pense agora mesmo em cinco formas de começar a praticar mais a sua generosidade no dia a dia:

1. _____

2. _____

3. _____

4. _____

5. _____

AJA COM A RAZÃO, MAS OUÇA A VOZ DO CORAÇÃO

Muitos desafios nos são impostos ao longo da jornada da vida e, para encará-los com seriedade e leveza, é fundamental equilibrar a razão e a emoção. Costumo ver a busca pelo equilíbrio entre a mente e o coração como uma ferramenta de trabalho. Afinal, a mente empreendedora só terá sucesso se souber encontrar esse equilíbrio.

Hoje muitas pessoas dependem de alguma decisão minha. Como evito cometer muitos erros? Seguindo o que sinto em meu coração, sentimento que é aliado às minhas experiências. Sei que não dá para dizer que é fácil. Afinal, o que alcancei hoje devo às pancadas que tomei ao longo do percurso, às alternâncias, às inconstâncias... E reconheço que passar por isso me proporcionou a chance de dosar a minha sensibilidade em minhas escolhas.

A seguir, ofereço a você as minhas chaves para atingir o seu ponto de equilíbrio:

- **Tenha a saúde em primeiro lugar**
- **Escolha bem suas parcerias**
- **Dê voz e espaço para os outros**
- **Receba colaboração**
- **Construa boas relações**
- **Exale confiança**
- **Proponha desafios reais**
- **Tenha iniciativa**
- **Seja uma inspiração**
- **Vista a camisa do seu time**

Tome posse delas:

Tenha a saúde em primeiro lugar

Meu mantra é: trabalhe e descanse. É como faz o nosso coração. É vital descansar e desfrutar do agora. Não adianta deixar o descanso para depois, pois você pode chegar a esse "depois" doente. Além disso, é preciso considerar que o emocional está sempre atrelado ao físico e vice--versa, por isso é fundamental cuidar da saúde num aspecto amplo se deseja alcançar altos patamares.

Já comentei sobre isso antes. Aprendi com os japoneses a cuidar das nossas cinco saúdes: física, emocional/espiritual, familiar, financeira e social. Mais importante do que descansar é reconhecer quando seu time precisa de uma pausa. Não exija dos seus colaboradores aquilo que não seria correto exigir de si mesmo. Claro, o limite de cada um é diferente, mas isso não nos torna menos ou mais que outrem. A qualidade do trabalho feito em plena saúde é muito mais efetiva, lembre-se disso! Então, cuide-se e cuide dos seus.

Escolha bem suas parcerias

A minha parceria com Zenilda é incrível, e um exemplo de equilíbrio. Ela é uma pessoa cheia de energia, enquanto eu sou mais técnico e mais racional. Foi ela quem me pediu em casamento, foi ela quem sugeriu que vendêssemos panelas. E depois, foi ela quem tomou a decisão de montar o negócio que temos até hoje. Quando palestramos, ela leva a emoção, e eu os processos. Foi a união dessas duas forças que nos levou longe. Assim, o companheirismo também é uma das chaves. Afinal, como vamos conquistar uma harmonia entre razão e emoção se não formos inspirados por mentes que pensam diferentemente de nós, mas que ainda assim trabalham rumo a um mesmo propósito?

Dê voz e espaço para os outros

Desse equilíbrio entre nós, felizmente geramos nossos filhos, expandindo ainda mais a nossa harmonia. Descobrir o que cada um deles faz de melhor foi um dos maiores privilégios da minha vida, e ter a paciência de deixá-los se conhecerem foi fundamental, dando-lhes os meios para se desenvolver. Vejo por aí muitos maridos trabalhando com o que não gostam, muitas esposas deixadas de lado e sem espaço de fala, filhos que são forçados a seguir por caminhos impostos. Isso é o que mais acontece no mundo dos negócios, infelizmente.

Por isso, o respeito é a única chave que existe para alcançar o verdadeiro equilíbrio familiar e profissional. Só através do respeito mútuo é possível criar um ambiente onde todos possam prosperar, seguindo suas paixões e habilidades, e construindo juntos um legado duradouro.

Quando nos respeitamos, focamos no que realmente somos bons; quando respeitamos o próximo – seja família ou não –, damos espaço para que façam o mesmo e reconheçam seus limites e habilidades.

Graças a Deus, em nossa família, vimos o que o João Rodrigues faz de melhor, que é planejar, ensinar e dar treinamentos; vimos o que a Zenilda faz com excelência, que é motivar, energizar, organizar os eventos e trazer criatividade para as vendas; vimos que o Fábio, nosso primogênito, é detalhista e cauteloso, perfeito para o setor financeiro e administrativo; já o João Henrique, o caçula, o mais carismático de todos, vimos que tem o comercial nas veias.

Essa é a nossa receita: **cuidado, companheirismo e respeito**. Não apenas com a família, mas também separadamente dela. Independentemente de estarmos juntos ou distantes, essa receita funciona, e tornou-se poderosa.

Vou contar-lhe um segredo: tem gente da nossa área que diz ser difícil encarar nós quatro ao mesmo tempo, pois somos muito fortes (risos). Brincadeiras à parte, quero que você crie sua própria receita do equilíbrio. Colocando esses ingredientes como base, tenho certeza de que o resultado final será promissor.

Depois de muitos tropeços, confesso que me tornei uma pessoa mais durona, mas siga meu conselho: ouça o seu coração, sempre. Vivi em meio às dificuldades da roça, e depois em meio à rigidez dos japoneses. Tive ainda um professor e palestrante (dos bons), o Ismael, que era uma pessoa dura; seus treinamentos eram bem pesados. E mesmo sabendo de tudo isso, lotávamos sua sala de aula. Ele, sabiamente, transformava carvão em diamante. Hoje, o meu esforço se volta para lapidar esse diamante.

Quando observo minha trajetória, vejo que cresci, mas mantive minha essência. É o que quero para você que lê este livro. Não perca a sua essência por conta desse mundo empresarial. Siga o seu coração. Pegue as minhas chaves e faça uso delas. Encontre o seu equilíbrio!

Ouça o seu coração sempre. Eu me dei mal quando deixei de ouvi-lo.

João Rodrigues da Silva Neto

Receba colaboração – o triunfo é individual, mas é necessário cooperação

Ser bem-sucedido no mundo é sempre uma questão de esforço pessoal. Isso significa que cada indivíduo deve estar disposto a trabalhar duro, persistir diante dos desafios e assumir a responsabilidade por seu progresso e realização. Todavia, é um engano acreditar que se pode vencer sem a colaboração de outros.

Para triunfarmos, precisamos induzir os outros à cooperação de maneira hábil, ou seja, devemos cultivar relacionamentos positivos, inspirar confiança, comunicar-nos de forma eficaz e, principalmente, demonstrar que estamos dispostos a retribuir a aliança com outros indivíduos a fim de alcançar objetivos em comum.

Aí está o segredo dos bons e dos maus líderes. Um bom líder precisa saber provocar em sua equipe aquele sentimento de inquietação, aquela vontade de se movimentar, porque ele é a inspiração dessas pessoas.

Chefiar equipes é muito mais desafiador, e requer uma abordagem diferenciada em comparação a liderar indivíduos. Direcionar e orientar indivíduos em suas responsabilidades específicas está longe das exigências conjuntas de habilidades e estratégias abrangentes que são necessárias para motivar, engajar e alinhar esforços de um grupo diversificado de indivíduos em direção a metas comuns. Então, como posso ser um bom líder?

Construa boas relações

Os líderes de sucesso precisam ser mais do que gestores, devem ser mentores, motivadores e estrategistas. Traçar rotas, ter uma boa comunicação, empatia e construir uma boa relação com as pessoas e as equipes é crucial. Afinal, o sucesso da sua liderança também depende dessas pessoas. Na área de vendas, em especial, é preciso motivá-las e engajá-las para baterem as metas e superarem os resultados.

Em nossos treinamentos para desenvolvimento de líderes, sempre recomendamos que eles saibam reconhecer e valorizar o trabalho árduo de cada um, que celebrem juntos as conquistas e colaborem para manter a moral elevada e o engajamento da equipe.

Mas os líderes precisam estar dispostos a dar e receber feedbacks. É preciso promover um ambiente de aprendizado mútuo, onde todos aprendem e se desenvolvem constantemente. Isso é tão importante que faz parte do meu Código de Honra pessoal. Boas práticas precisam e devem ser compartilhadas. Tanto a relação profissional quanto a pessoal dependem da qualidade e da quantidade de feedbacks que cada pessoa recebe do outro.

Se o feedback for positivo, o vínculo será positivo. Portanto, é preciso demonstrar empatia, escutar atentamente as preocupações e necessidades de cada um e fornecer apoio e orientação quando for preciso. Isso também abre portas para as correções, quando necessárias, serem vistas de forma construtiva, e não negativa. Dessa maneira, o caminho fica aberto, pois a relação foi construída com confiança.

CÓDIGO DE HONRA

I. Nunca abandone ninguém da sua equipe que esteja precisando;

II. Esteja sempre disposto a ouvir as pessoas;

III. Esteja sempre disposto a dar e receber feedback;

IV. Considere que todos têm que vender e formar equipe;

V. Celebre todas as vitórias.

Além disso, é indispensável que você lidere pelo exemplo. Um líder é o espelho de sua equipe, portanto não fique apenas nas palavras, tenha atenção em suas ações. Quando você mostra dedicação, seu time se espelha em você e se dedica também.

Suas ações precisam inspirar comportamentos positivos. Você precisa do seu time trabalhando a seu favor, unido, para alcançarem objetivos comuns e gerarem ótimos resultados. Portanto, seja inspiração para as pessoas. Mostre resiliência perante desafios e inspire confiança e motivação dos vendedores a buscarem o sucesso.

Líderes eficazes investem no desenvolvimento de relacionamentos sólidos e de confiança com os membros da equipe. Lidere pelo exemplo! Nunca se esqueça disso.

> Desde pequeno, eu ouvia meu avô, João Rodrigues da Silva, repetir um ditado que dizia: "Quando um líder para, a equipe senta. Quando um líder senta, a equipe dorme. Se um líder dorme, a equipe morre. Desde o instante em que foram ditas, aquelas palavras grudaram na minha mente e busquei, de todas as formas, colocá-las em prática para ter sucesso na liderança do meu time.

Meu treinamento já tinha começado lá no sítio, com ensinamentos que equivalem a dias de imersão em muitos cursos da atualidade.

> # A habilidade de se comunicar, de transmitir ideias com clareza, impulsiona a motivação e inspira as pessoas.

Lee Iacocca

Exale autoconfiança

E, como eu disse, um bom líder deve inspirar seu time. Para isso, é necessário desenvolver a autoconfiança. Segundo Napoleon Hill, estamos constantemente "irradiando" o que pensamos de nós mesmos, e se não tivermos autoconfiança, os outros captarão as vibrações dos nossos pensamentos como lhes pertencendo[5].

Ao mesmo tempo, ele ensina que devemos ter o cuidado de aprender a distinguir a confiança em nós mesmos – que é baseada no conhecimento real do que sabemos e podemos fazer – do egoísmo, que é fundado apenas no que poderíamos saber fazer.

Na prática, a confiança em nós mesmos é algo que não deve ser proclamado, e sim provado por meio da realização de feitos construtivos.

---

5   HILL, Napoleon. *A lei do triunfo: 16 lições práticas para o sucesso*. São Paulo, Editora José Olympio, 2014, p.156.

Proponha desafios reais

Há também a questão da comunicação clara e transparente das metas da equipe, dos objetivos organizacionais e das expectativas de desempenho. Todos os membros do seu time devem entender seu papel no cumprimento das metas e estar alinhados com a visão geral do seu negócio ou empresa.

Quando falei sobre ter metas claras e atingíveis, reforço que elas devem ser desafiadoras, porém alcançáveis, pois uma meta fora da realidade pode desmotivar sua equipe. Cabe também ao líder mostrar, por meio do planejamento, que a meta dada pode ser cumprida com dedicação e disciplina.

Tenha iniciativa

Para ser um bom líder, reforço, ainda, que é preciso ter iniciativa. Desenvolver esse hábito é uma jornada essencial para alcançar o sucesso em qualquer área. Assim como os músculos do corpo se fortalecem com o uso, a iniciativa se torna mais sólida à medida que você a exercita regularmente.

A prática constante desse hábito o tornará mais decisivo e integrado em seu time. E por que falo isso? Porque um líder deve demonstrar que também está disposto a cooperar para alcançar, com a equipe, os seus objetivos comuns. Independentemente da nossa ocupação, todos os dias nos deparamos, além de nossos deveres habituais, com oportunidades para sermos úteis aos outros.

A liderança com iniciativa é um exemplo para o seu time e ajuda a colocá-lo em destaque em meio às pessoas que você gerencia, pois atrai a atenção daqueles que valorizam o esforço e a determinação. Tenha em mente que aqueles que trabalham exclusivamente pelo dinheiro sempre acabam recebendo menos do que gostariam, independentemente do salário. Então, não trabalhe apenas pelo dinheiro, trabalhe também pela visão que os outros terão de você.

Procure constantemente maneiras de ser útil aos outros, mesmo além de suas responsabilidades habituais, e realize essas tarefas sem esperar uma recompensa financeira. Além disso, compartilhe com as pessoas à sua volta, todos os dias, a importância de agirmos com iniciativa e fazermos o que precisa ser feito sem a necessidade de ordens externas.

Seja uma inspiração

Sabemos muito bem que nenhum vendedor consegue êxito se não souber antes de tudo "vender a si mesmo". Ou seja, nada acontece antes de se ter convencido o cliente de que ele próprio compraria o produto que vende.

Repetimos tantas vezes uma declaração querendo impressionar os outros, que acabamos por impressionar a nós mesmos, seja ela verdadeira ou não. Sendo assim, muito mais do que ter um time trabalhando para você, é preciso ter um time inspirado em você, que o(a) admire e que veja seu empenho como algo que se faz em prol do mesmo objetivo. Por isso é tão importante termos um propósito muito bem definido.

Impressione e inspire o seu time, até que possa ter inspirado a si mesmo.

Vista a camisa do seu time

O sucesso é quase sempre a resposta às nossas habilidades, as quais usamos para inspirar os outros a subordinar suas individualidades e seguir um líder.

Esse líder possui personalidade e imaginação suficientes para unir pessoas de forma realmente cooperativa e induzir seus subordinados a aceitar seus planos e a realizá-los fielmente. Isso é eficiência.

> ## Pessoas não compram 'o que' você faz; elas compram o 'porquê' você faz.[6]

Simon Sinek

---

6 SINEK, Simon. *Comece pelo porquê. Como grandes líderes inspiram pessoas e equipes a agir*. Rio de Janeiro, Editora Sextante, 2018.

> Se você contratar pessoas simplesmente porque elas podem fazer um trabalho, elas irão trabalhar pelo seu dinheiro. Mas, se contratar pessoas que acreditam naquilo em que você acredita, elas trabalharão para você com sangue, suor e lágrimas.[7]

Simon Sinek

---

7   SINEK, Simon. *Comece pelo porquê. Como grandes líderes inspiram pessoas e equipes a agir.* Rio de Janeiro, Editora Sextante, 2018.

Então vista a camisa da liderança, mude sua mentalidade e adote essas atitudes. Ajude a manter suas equipes focadas e motivadas, ajude-as a alcançar suas metas de forma eficaz.

Liderar requer que se conheçam as pessoas com quem se trabalha, que se demonstre saber o que faz de forma gentil, que se exija o que é realmente possível de ser alcançado, que se enxergue como parte ativa da equipe sempre a postos para ajudar e que se ponha à frente dos desafios para assumir as responsabilidades que advêm da posição, pois são os seus planos sendo postos em ação.

AS 12 CARACTERÍSTICAS DE UM PRESIDENTE DIAMOND

As 12 características listadas a seguir são inspiradas em minha trajetória de vida e na de minha esposa, Zenilda Soprani. São atributos que nos ajudaram a chegar ao patamar de 1º casal Presidente Diamond Nível III.

Desenvolver cada uma delas vai proporcionar aos líderes de equipes de vendas não apenas a chance de alcançar seus objetivos pessoais, mas também de inspirar suas equipes a atingir novos níveis de excelência.

Você vai reparar que já falamos delas nesta segunda parte do livro, mas trago aqui de forma mais resumida, para que grave esses ensinamentos em sua mente, pois eles são o caminho para sua mudança de vida. Vamos a elas.

1 Tenha sonhos e metas

É fundamental nutrir sonhos e estabelecer metas ambiciosas. Essa jornada começa com uma intenção clara e um desejo ardente de sucesso. Ter metas claras é como acender uma chama dentro de você; é o que o(a) impulsiona a sair da cama todas as manhãs com determinação e foco.

Sem um motivo forte o suficiente, você corre o risco de se perder no meio do caminho. Portanto, mantenha seus sonhos vivos, defina metas claras e tangíveis; deixe-as ser sua bússola na jornada rumo à liderança.

2 Trabalhe duro

O trabalho duro é o combustível que nos impulsiona. Não há substituto para o esforço quando se trata de conquistar objetivos significativos. Anote isto: o verdadeiro sucesso não vem de atalhos ou promessas vazias de ganhos fáceis, mas sim da dedicação incansável, da determinação e da perseverança.

Nos tempos modernos, vemos a ascensão de promessas fáceis e soluções rápidas, especialmente no universo digital. Muitos indivíduos são seduzidos por esquemas de enriquecimento rápido, como as famosas pirâmides financeiras, o empreendedorismo digital e outras oportunidades que prometem retornos significativos com pouco ou nenhum esforço.

Essas promessas são frequentemente acompanhadas de discursos persuasivos e testemunhos de sucesso, no entanto a realidade é que a maioria desses esquemas é insustentável e, em última análise, prejudicial para aqueles que deles participam.

Fique atento. O mundo dos negócios é altamente competitivo e desafiador, e você precisa resistir à tentação de buscar atalhos. Em vez disso, comprometa-se com o trabalho constante, a integridade e a busca ininterrupta pela excelência. Esses são os verdadeiros ingredientes para o sucesso a longo prazo, comprovados pela experiência daqueles que alcançaram realizações significativas nos negócios e na vida.

> # Tudo que um homem pode fazer, o outro também pode.
>
> *Autor Desconhecido*

3 Tenha uma crença inabalável no futuro

É imprescindível acreditar que tudo dará certo. É necessário cultivar a fé em algo maior, no potencial do que vem pela frente, na capacidade das pessoas e, sobretudo, em si mesmo. A fé nos manterá seguindo em frente diante dos desafios mais impossíveis.

Enxergue o diamante que há em cada pessoa do seu time, e faça com que saibam como são importantes. Essa fé contagia e inspira, transformando sonhos em realidade e incertezas em oportunidades.

4 Seja autorresponsável

Não seja vítima! É fácil cair na armadilha de culpar circunstâncias externas: seus mentores, a economia, os clientes ou, até mesmo, os desafios pessoais. Ao adotar uma mentalidade de vítima, ou seja, ao transferir a culpa para outra pessoa ou circunstância, você entrega seu poder e capacidade de mudança.

Quando temos autorresponsabilidade, assumimos a dedicação necessária para o nosso próprio aperfeiçoamento.

A verdadeira transformação começa quando você assume total responsabilidade pelo seu sucesso e fracasso. Está em suas mãos o poder de mudar as circunstâncias. Entendendo isso, você cria a oportunidade de ouro de mudar o seu futuro.

Muitas pessoas não sabem como assumir as rédeas da própria vida. O primeiro passo é reconhecer essa necessidade e saber que só você tem o controle sobre suas ações e resultados, bem como sobre seu pensamento, sendo ele positivo ou negativo.

Ao abraçar a autorresponsabilidade, você se libertará das limitações e abrirá caminho para uma jornada de crescimento e realização pessoal.

Repita:

Hoje é o primeiro dia do resto da minha vida, e ele é maravilhoso.

5 Seja empoderado e tenha energia contagiante

Você precisa irradiar brilho e soltar energia pelos olhos! É essa energia vibrante que cativa as pessoas a seu redor. Do contrário, suas palavras perderão o poder de persuasão, suas ações serão enfraquecidas e sua presença deixará de ter magnetismo.

Uma energia vibrante tem o poder de corrigir muitas imperfeições, transmitindo entusiasmo aos clientes e colegas.

Em um mundo onde muitos se afundam no negativismo e na descrença, é a energia positiva que se destaca. É ela que quebra barreiras mentais.

Apenas com muita energia é possível quebrar esse estado mental. Portanto, alimente seu espírito, e você verá como essa mudança refletirá no seu sucesso.

6 Aposte na estratégia de "desequilíbrio calculado"

Enquanto buscamos a felicidade e a plenitude através do equilíbrio das nossas cinco saúdes (física, emocional/espiritual, familiar, financeira e social), às vezes é necessário priorizar uma delas para atingir objetivos específicos.

Sabemos que é desafiador ser bem-sucedido em todas as áreas simultaneamente, por isso, ao focar em uma área temporariamente, você pode direcionar sua energia e recursos para alcançar resultados excepcionais. Assim, se seu desejo é se tornar um líder de sucesso, foque com mais afinco nesse objetivo neste momento. No entanto, compreenda que isso não implica negligenciar completamente as outras áreas.

Abandonar o equilíbrio total resulta em sucesso vazio e insatisfação. O "desequilíbrio calculado" nada mais é do que direcionar suas ações estrategicamente, baseado na sua razão e nos seus valores. Ao adotar essa abordagem, você poderá realizar seus sonhos de maneira mais eficaz.

7 Não se importe com a opinião dos outros

Viver em função das opiniões alheias é uma forma de escravidão. Embora seja natural desejar a apreciação e o reconhecimento dos outros, depender exclusivamente disso para encontrar felicidade é entregar o controle do seu destino a outrem.

Um verdadeiro líder sabe ouvir as opiniões e considerá-las de maneira ponderada, ao mesmo tempo em que compreende a importância de manter sua própria autonomia e liberdade de escolha. Se uma opinião merece consideração, está aberto a considerá-la. Caso contrário, ele mantém sua integridade e autoestima intactas, afirmando em sua própria mente: *"Eu te respeito, mas pouco me importa o que você pensa de mim"*.

Lembre-se de que você é livre para fazer suas escolhas, seguir suas convicções e viver a vida que deseja.

> # Tudo que a mente humana pode conceber, ela pode conquistar.

Napoleon Hill[8]

8 Tenha controle emocional

O controle emocional é, sem dúvida, um dos maiores desafios que um líder enfrenta. É nos momentos de conflito que as relações são moldadas, mas também quando podem surgir feridas profundas.

Quando magoamos alguém, geramos traumas e ressentimentos que podem reverberar por muito tempo. Isso cria um ciclo vicioso de conflitos, prejudicando não apenas a relação presente, mas também o futuro. Diante dessas situações, é preciso respirar fundo, manter a calma e pensar cuidadosamente nas consequências de suas ações. É essencial refletir sobre o que realmente importa e agir de forma prática, buscando preservar os relacionamentos.

---

8   HILL, Napoleon. *Atitude mental positiva*. São Paulo, Editora Citadel, 2015.

Veja, não estou dizendo que você deva reprimir emoções, pois não é essa a solução. É importante encontrar uma válvula de escape saudável, como a prática de esportes, a meditação ou quaisquer técnicas para lidar com a raiva. O objetivo é encontrar uma forma de expressar sentimentos e manter a compostura, evitando, assim, danos irreparáveis nos relacionamentos pessoais e profissionais.

9 Seja persistente

A persistência é a chave que destrava as portas das conquistas mais significativas. Vitórias e derrotas fazem parte do percurso, mas o essencial é permanecer no caminho. Em momentos difíceis, quando parece que tudo está perdido, é a perseverança que nos impulsiona a seguir tentando e a melhorar a cada obstáculo superado.

10 Foque no patrimônio, não no consumo

Não se deixe levar pela ostentação ou pelo consumo desenfreado. Seu foco deve estar em construir um patrimônio sólido, em gerar riqueza e prosperidade a longo prazo.

Entenda que a verdadeira credibilidade vem da independência financeira, não de bens materiais ou de um estilo de vida extravagante. Não é necessário ostentar para atrair pessoas. A sua autenticidade e energia são muito mais importantes. Fuja das dívidas de consumo e dos juros altos. Quem paga juros ganha menos dinheiro. Foque em ativos que geram renda passiva e terá prosperidade financeira a longo prazo.

Particularmente, eu gosto de investir em imóveis. Em um país com histórico de elevados índices de inflação, confio nos imóveis para gerar renda, proteger da inflação e das crises econômicas.

Não é à toa que muitos ditados populares falam sobre a importância de investir no ramo imobiliário. Veja alguns exemplos:

"Quem compra terra não erra."

"Imóvel é um bem que não se desvaloriza."

"Casa própria é segurança para a família."

"Imóvel é o melhor investimento a longo prazo."

Foi com esse pensamento que eu decidi investir o dinheiro que ia sobrando em um apartamento na planta em Bombinhas (SC). Precisei de um esforço extra para pagar esse investimento, mas eu estava determinado a multiplicar meu patrimônio. Essa decisão aumentou a minha energia para trabalhar ainda mais focado.

Veja o poder de uma meta bem definida. Após quitar o apartamento, troquei por uma cobertura e depois por dois terrenos. Nesses terrenos, construí dois prédios, totalizando 30 apartamentos. Ou seja, foco na construção de patrimônio. Essa é a lição.

11 Seja grato e ético

Tenha uma ambição saudável. Seja também profundamente grato pelo que a vida lhe proporciona. Esse sentimento de gratidão enche o coração de tranquilidade, pois gera confiança no futuro e reconhecimento das bênçãos que já recebeu.

Seja grato não apenas valorizando suas conquistas pessoais, mas também apreciando as pessoas que o rodeiam, especialmente sua equipe. Seja grato por ter um time dedicado e valorize o papel de cada pessoa.

Entenda a importância de agir com ética em todos os aspectos de sua vida e trabalho. Sua conduta não é apenas uma escolha, mas um reflexo de seus valores fundamentais.

12 Coloque o seu plano em ação

No mundo dos negócios, planejamento e estratégia são fundamentais, mas nada supera a importância da ação. De nada adianta ter conquistado as 11 características anteriores se você não colocar a mão na massa! O conhecimento sem ação é apenas teoria, tornando o planejamento inútil.

Muito cuidado! O perfeccionismo pode ser um grande obstáculo, pois muitas vezes faz você esperar que tudo esteja perfeito para dar o primeiro passo. Não espere para agir; vá ajustando o curso enquanto avança.

Não deixe o medo do fracasso ou o desejo de perfeição paralisá-lo, pois, por mais rico em detalhes que seu plano seja, não há como evitar as falhas: é preciso estar preparado para enfrentá-las e saber contorná-las quando aparecerem. Ficar parado não é uma opção.

O mundo é transformado pelos que agem!

João Rodrigues da Silva Neto

DO PROPÓSITO AO SUCESSO, FICO COM MEU LEGADO

Quando abri meu coração e contei a minha história de vida, como me desenvolvi e construí minha carreira, eu já falava sobre propósito. Eu já sabia que era importante ter algo claro em mente e, a partir disso, criar meu plano de ação. Afinal, um sonho apenas nos impulsiona, mas precisamos agir, trabalhar.

Quando conheci o ARS (Aparelho Reparador da Saúde) e vi os benefícios que ele proporcionava às pessoas, descobri ali o meu propósito, já que percebi que não se trata de um colchão, mas de um aparelho que trabalha a seu favor para melhorar seu sono, saúde e bem-estar.

Eu agradeço a Deus que esse modelo de negócios tenha surgido em minha vida para mudar a minha história. Sabe por quê? Se eu continuasse a vender bolos ou panelas, seria sempre um vendedor. O problema é que, ao parar de vender, a renda também para. Era mais como um emprego do que um negócio, e não estava me ajudando a construir o que eu realmente desejava. Era como um barco furado e eu precisava de algo melhor.

É muito mais do que vendas. Quando conheci esse sistema, logo vi as oportunidades se abrindo à minha frente e, com muita perseverança, não só as abracei, mas também inovei. Desenvolvi meu próprio modelo exclusivo de Marketing de Relacionamento, um modelo Dual de negócio baseado em vendas e formação de equipes!

Quero que imagine um barquinho com dois remos.

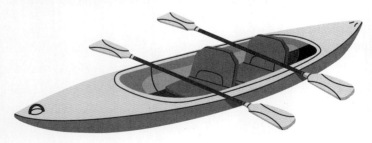

A primeira remada é a venda dos produtos. A segunda remada é a formação da equipe. VENDER E FORMAR! Esse é o nosso lema. Ou seja, primeiro você aprende a fazer o negócio; depois você aprende a ensinar outras pessoas a duplicar o seu negócio.

Nosso objetivo é muito mais do que **vender um produto**: **é construir uma equipe de alta performance**, um exército de pessoas no qual todas estão representando o mesmo objetivo. Foi isso que me levou ao sucesso e a constituir equipes de milhares de distribuidores ao redor do mundo.

Talvez você não entenda o que vou dizer agora, mas eu brinco e digo que quem faz parte do nosso negócio acaba ficando "estragado" e não servirá para mais nada. Contudo, digo isso com convicção e experiência própria, a partir do que vejo todos os dias.

Quem é bom em vender e consegue formar uma equipe, por menor que seja, passa a ir além dos sonhos que um dia cultivou de forma tão grandiosa, passa a se enxergar na possibilidade de fazer qualquer coisa. Sabe por quê?

Porque nenhum outro caminho proporciona o mesmo rendimento. Não há espaço para vibrar e sonhar tão alto no mercado tradicional. O dinheiro gerado é algo fora da curva. Depois de experimentar essa realidade na pele, quem optar por esse modelo de negócios terá certeza de que não há outra forma de trabalhar capaz de lhe proporcionar o mesmo montante.

Além disso, preciso dizer que o ambiente motivacional estimulado pelo trabalho em equipe faz toda a diferença. Quem sonha em fazer algo fora do trivial, sair do tradicional, encaixa-se na nossa linha de negócios. Aqui existe liberdade, seja ela em relação ao horário, seja ao local onde você se encontra.

Há muito trabalho? Sim! Com certeza. Quem realmente deseja se tornar um Diamante, com todo seu brilho, e chegar ao posto de presidente, trabalha mais ainda. Mas com o benefício da liberdade de escolher seus horários, sua rotina e até mesmo quando tira seu dia de folga, por exemplo.

Hoje me sinto extremamente realizado por ter construído um legado que conecta pessoas a oportunidades de negócios, por ter ajudado a construir carreiras sólidas usando nossas ferramentas – que são aplicadas e comprovadas por milhares de empreendedores há mais de três décadas por todo o globo.

Já formei milhares de empresários, mas gosto de falar que transformei vidas. Muita gente pagou dívidas, montou seu negócio, realizou sonhos, fez viagem internacional, comprou casa. São tantas histórias!

Algumas pessoas tiveram menos mudanças – tudo depende do seu empenho, claro. Outras saíram do negócio com boas quantias. Muitas, no entanto, ficaram milionárias. Em meus cálculos, digo que mais de mil se tornaram milionárias, e é esse nosso objetivo, porque sabemos que essa meta é perfeitamente possível, uma vez que se constrói uma grande rede. Já formei pessoas que criaram redes enormes, sendo capazes de ganhar acima de um milhão de reais por mês.

Tenho mais de 50 anos de carreira, desde quando comecei a trabalhar na roça. Quando completei 60 anos de idade, fiz uma grande celebração ao lado dos meus amigos e familiares. Foi a melhor celebração de aniversário que tive, e me senti extremamente realizado.

Levei toda a minha família para celebrar essa data emblemática na Europa. Paguei a viagem para todo mundo, e foi inesquecível. Na ocasião, revelei a todos os meus planos para aquele momento da minha vida: eu disse que iria trabalhar por mais três anos, apenas, e que só seguiria trabalhando após esse período se fosse para apoiar outras pessoas. Eu não queria mais nada que fosse só para mim, queria ajudar minha equipe em qualquer lugar do mundo.

A Zenilda e eu não estamos mais trabalhando por precisarmos de dinheiro. Agora estamos investindo, gastando, além de viver momentos de diversão. Ficamos em bons hotéis, frequentamos bons restaurantes. Unimos o útil ao agradável. Portanto, se eu puder me divertir, ter conforto e ainda ajudar as pessoas a chegar aonde eu cheguei, continuarei nessa missão, pois isso não tem preço.

Meu propósito, que era levar qualidade de vida às pessoas por meio das vendas de ARS e conquistar minha liberdade financeira acabou sendo muito mais do que isso. Descobri minha vocação como líder e desenvolvedor de carreiras, e é dessa forma que quero seguir até o fim da minha história. Assim como tive a oportunidade de transformar minha vida, desejo que você, ao ler este livro, sinta-se inspirado(a) a transformar a sua.

Ajudar as pessoas a encontrar os seus próprios caminhos é meu maior propósito. Quero ver o maior número de pessoas seguirem em frente e construírem as suas próprias histórias. Acredito que esse seja o meu legado.

João Rodrigues da Silva Neto

Agora, confesso aqui, já estabeleci outra meta. Estou com 66 anos e tenho que me planejar – aproveito para reforçar que sempre é tempo de fazer planos, independentemente da idade que tenhamos. Dito isso, minha meta agora é trabalhar por mais cinco anos. A partir daí, quero repassar a responsabilidade para os meus líderes e parceiros, de forma gradual, mas sólida. Mas, ainda assim, eles sempre poderão contar comigo em suas decisões.

Gosto da ideia do recomeço e, como você já leu até aqui, passei por vários grandes reinícios. Contudo, é importante lembrar que todos os dias, quando acordamos, vivenciamos pequenos recomeços. Veja, diariamente o distribuidor tem que recomeçar, tem que fazer uma venda nova, achar um cliente novo, formar uma pessoa nova e motivar uma pessoa antiga.

Esses processos talvez ajudem a explicar por que não quero mais formar nada em específico para mim. É tão complicada a jornada para o sucesso – e eu senti isso na pele –, que quero apoiar quem está lá atrás, precisando de ajuda para se levantar e recomeçar. Em vez de buscar mais para mim, almejo ajudar o próximo, simples assim.

E se você chegou até aqui e quer ser transformado(a), fica o meu convite para embarcar nesse mercado promissor do Marketing de Relacionamento e conhecer o nosso modelo de negócios.

Falei muito neste livro sobre o sonho ser o começo de tudo. Mas quero terminar relembrando você de que um objetivo é um sonho com prazo, portanto, se você sonha, dê prazos para realizar seus sonhos, arregace suas mangas e faça acontecer. Só você é capaz de mudar a sua história.

TERCEIRA PARTE

MARKETING DE RELACIONAMENTO

RENOVE SEUS SONHOS

A busca pela liberdade financeira tem se tornado cada vez mais desejada ao redor do mundo. Porém, não me refiro ao acúmulo de riquezas, mas à habilidade de viver a vida de acordo com suas próprias condições, sem depender exclusivamente de um salário ou de fontes de renda que exijam sua presença constante.

Chegar a esse patamar significa libertar-se das limitações salariais, não se preocupar com as dívidas ou a falta de dinheiro, ter recursos suficientes para bancar suas necessidades básicas, manter o padrão de vida desejado e ir além, desfrutando de uma contínua prosperidade.

Liberdade financeira não significa viver uma vida de excessos. É sobre ter a flexibilidade de escolher como você quer gastar seu tempo e dinheiro, priorizando o que realmente importa. O objetivo é construir um futuro em que você tenha mais opções e menos preocupações, permitindo que dedique seu tempo e energia às atividades e às pessoas que trazem mais significado e satisfação para sua vida.

Quando penso nesse assunto, lembro de uma obra que me inspirou: *O negócio do século XXI*, de Robert Kiyosaki[9], autor também do best-seller *Pai rico, Pai Pobre*[10]. Até então, eu vinha colecionando empreitadas de sucesso, mas não tinha, na prática, conquistado a liberdade financeira tão desejada. No entanto, quando compreendi que é preciso uma combinação de fatores, como educação financeira, mentalidade empreendedora, criação de renda passiva e empreendedorismo por meio do marketing de rede, tudo mudou na minha vida.

Minha ideia ao escrever este livro partiu da possibilidade de compartilhar minhas experiências pessoais da mesma forma que Kiyosaki, mostrando como o empreendedorismo e o Marketing de Relacionamento transformaram radicalmente a minha vida.

---

9   KIYOSAKI, Robert T. *O negócio do século XXI*. Rio de Janeiro. Elsevier Editora, 2012.
10   KIYOSAKI, Robert T. *Pai rico, Pai Pobre*. São Paulo, Alta Books, 2017.

Um dos pontos centrais que aprendi com o autor é a criação de renda passiva, que é o dinheiro ganho continuamente a partir de um trabalho realizado uma única vez. Esse é o grande trunfo que coloca o Marketing de Relacionamento como o melhor caminho para a liberdade financeira, pois nesse modelo de negócios há uma oportunidade acessível para construir uma renda passiva, uma vez que permite que as pessoas ganhem dinheiro mesmo quando não estão trabalhando ativamente.

> Assuma a responsabilidade por suas finanças ou acostume-se a receber ordens pelo resto da vida. Ou você é o dono do dinheiro ou escravo dele. A escolha é sua.
>
> *Robert Kiyosaki*[11]

Além disso, como os cenários econômicos da contemporaneidade são imprevisíveis, as fontes de renda mais tradicionais, como vínculos empregatícios de tempo integral, estão se tornando cada vez menos se-

---

11   KIYOSAKI, Robert T. *O negócio do século XXI*. Rio de Janeiro. Elsevier Editora, 2012, p. 17.

guras e eficazes para que se alcance o tão almejado sonho da liberdade financeira. Por isso, é necessário pensarmos além das estratégias tradicionais e desenvolvermos uma mentalidade empreendedora, diversificando essas fontes de renda.

Talvez você se lembre da crise econômica que assolou o mercado mundial em 2008. Ativos que até então eram tidos como confiáveis se mostraram frágeis; empregos e setores que pareciam inabaláveis foram postos em xeque. A partir daí muitas pessoas buscaram novos rumos para suas vidas.

Não estou dizendo que uma crise enorme – gigantesca, pois derivou da falência de um dos bancos mais tradicionais dos Estados Unidos, o Lehman Brothers – seja positiva, mas a verdade é que as circunstâncias geram oportunidades. A estabilidade não existe, saiba disso, e, se existisse, não o(a) levaria a lugar algum.

Em 2020, com a pandemia de COVID-19, vimos novamente outra crise econômica assolar diversos países do mundo, inclusive o Brasil.

No mundo, há um grande número de pessoas que vivem em uma situação financeira delicada, tentando se equilibrar entre um respiro e a ruína, contando com o próximo salário para cobrir as despesas mensais, geralmente com pouca reserva financeira – ou, mais comumente ainda, sem nenhuma reserva sequer. O salário, muitas vezes referido como "a troca de tempo por dinheiro", torna-se especialmente instável durante uma crise econômica, pois, com a diminuição ou perda de um emprego, reduz-se a renda disponível, e seu tempo passa a não mais ser remunerado.

Afirmo com segurança que hoje, no século 21, empregos garantidos são coisa do passado. Muitas das empresas atualmente são remanescentes do século 20, lutando à beira da extinção. A verdadeira segurança, atualmente, reside em assumir o controle do seu próprio futuro.

No passado, era ensinado que só existia uma "fórmula de sucesso": dedicar-se aos estudos para obter um emprego estável, bem remunerado, com benefícios e ficar nele por muitos anos para ser cuidado e recompensado pela empresa. Essa mentalidade, porém, pertence à Era Industrial, e já não vivemos mais nela há muito tempo. O seu trabalho não cuidará de você. O governo não cuidará de você. Ninguém cuidará de você, a não ser você mesmo.

SONHE GRANDE, COMECE PEQUENO, CRESÇA RÁPIDO

Estamos em um novo momento, em um novo mundo, com novas regras. Talvez seus pais acreditassem na estabilidade do emprego, em pensões corporativas, segurança e previdência social. No entanto, essas ideias são ultrapassadas, resquícios de uma Era que não volta mais. Reitero: a segurança no emprego é uma ilusão, e a ideia de trabalhar a vida inteira para uma única empresa – um conceito que antes era arduamente defendido pela IBM e por outras grandes corporações – é tão antiquada quanto uma máquina de escrever.

Mas a economia não é o cerne da questão. O cerne é você. Você está revoltado(a) com a corrupção ou com o sistema financeiro e os grandes bancos que permitiram isso? Está incomodado(a) com o governo, por não agir o suficiente ou por agir demais em pontos errados? Você está frustrado(a) consigo mesmo(a) por não ter o controle da sua vida?

A vida é desafiadora. A pergunta é: o que você vai fazer a respeito? Reclamar não garantirá seu futuro, e certamente culpar o sistema financeiro, as corporações ou o governo também não. Se você deseja um futuro sólido, precisa construí-lo. Você só terá controle sobre seu futuro quando assumir o controle da sua fonte de renda. E, para isso, é inevitável iniciar um empreendimento próprio.

Uma crise econômica é o momento mais propício para iniciar seu próprio negócio. Quando a economia desacelera, o empreendedorismo aquece como uma chama em uma noite fria de inverno, é um oásis no meio do deserto. Empresas como Microsoft e Disney são exemplos disso que estou falando, pois foram fundadas em tempos econômicos desafiadores.

Não estou sugerindo que manter vínculos empregatícios seja negativo, pois é a porta de entrada para muitas pessoas. Apenas estou destacando que é uma forma limitada de gerar renda. Hoje as pessoas já começaram a despertar para essa realidade. Essas pessoas – você está incluído(a) – já entenderam que a única maneira de alcançar seus verdadeiros desejos na vida é trilhando o caminho do empreendedorismo.

Durante a crise de 2008, o Federal Reserve dos EUA revelou que o patrimônio líquido médio dos lares de empresários era cinco vezes maior do que o dos trabalhadores convencionais. Isso significa que os empresários têm cinco vezes mais probabilidade de sair da crise ilesos e até mais fortes, porque criaram sua própria economia robusta. É disso que estou falando.

Para o senso comum, uma recessão é sinônimo de pânico, de baixas; mas, para aqueles que têm uma cabeça empreendedora e aberta o suficiente, é tempo de iniciar projetos, é uma janela de potencial econômico abundante. Não é apenas o momento de começar seu próprio negócio. Na realidade, nunca houve um momento melhor do que agora.

Quando as coisas ficam difíceis, os resilientes seguem em frente.

Você está disposto(a) a ser resiliente? Se sua resposta for "sim", responda a si mesmo(a): está fazendo o quê para isso? Você sabe exatamente como responder. E, se não souber, por enquanto, assim que terminar a leitura deste livro, certamente saberá.

> Ao longo da minha jornada, entendi a importância do pensamento positivo, da persistência e da resiliência. Como vivemos rodeados de desânimo e negativismo, é preciso praticar o pensamento positivo de forma consistente e vigiar nossa mente conscientemente.

Algo que me ajudou muito foi declamar em voz alta as afirmações positivas de Harv Eker ou a filosofia do sucesso de Napoleon Hill.

Veja alguns exemplos no QR CODE abaixo:

Aproveito aqui para homenagear meu grande Mestre Ismael Cordeiro Junior (1925-2018), nosso saudoso Professor Ismael. Ele foi uma lenda no segmento da venda direta, dedicou uma vida ao treinamento de pessoas para o mercado e para o sucesso. Com uma mescla de visão empreendedora, disciplina e experiência, ele nos ensinou o poder dessas declarações positivas e nos incentivava a praticá-las diariamente.

Ao final de cada declaração, nosso mestre, com uma energia incrível, entoava o mantra:

"Tra-ca-tra... trá!

Tra-ca-tra... trá!

Tra-ca-tra... trá!... trá!... trá

Por meio desse grasnido, ele sempre nos lembrava da força, coragem e visão das águias, em contraste com as galinhas. As águias, com sua habilidade de voar alto e enxergar longe, simbolizam nossa capacidade de sonhar grande e alcançar objetivos elevados. As galinhas, que permanecem no chão, representam a limitação, a falta de ambição e escassez, apenas aguardando o dia do abate. O mestre nos advertia a nunca nos contentarmos com menos, mas sempre superar nossos próprios limites, enfrentando os desafios com determinação e coragem, tal como as águias fazem. Assim, o mantra "Tra-ca-trá" se tornou um poderoso lembrete de nossa força interior e do potencial ilimitado que todos nós possuímos e segue sendo entoado por nós.

EMPREENDEDORISMO: O SEGUNDO MAIOR SONHO DOS BRASILEIROS

Uma pesquisa do Global Entrepreneurship Monitor (GEM)[12], realizada pelo Serviço Brasileiro de Apoio às Micro e Pequenas Empresas (Sebrae), apontou que, em 2022, seis a cada dez brasileiros tinham o sonho de empreender! Esse número representa 60% dos brasileiros, e a análise de pesquisas anteriores mostra que essa é uma crescente. Em 2021, esse número era de 46%.

Sendo o segundo maior sonho dos brasileiros, o desejo de empreender é visto como a ponte para a realização de outros sonhos. Se você parar e se perguntar: "com sua renda atual, quanto tempo você levará para conquistar os seus sonhos?", eu lhe garanto que rapidamente baterá um desespero.

Não é fácil conquistar nossos maiores sonhos, como a compra de uma boa casa, viajar mundo afora, ter mais qualidade de vida morando em um bairro melhor, pagar boas escolas para nossos filhos, sendo um assalariado cuja renda fica a cada dia mais desvalorizada.

Empreender é uma jornada que transcende os limites do trabalho convencional, oferecendo uma série de benefícios que vão muito além do aspecto financeiro. Aqui, com propriedade de causa, listo as principais razões pelas quais o empreendedorismo pode se tornar uma escolha gratificante e enriquecedora; e, se em algum ponto da vida, você tiver dúvidas ou se esquecer dos motivos que o trouxeram até aqui, volte e releia os seguintes tópicos que reforçam seus benefícios:

Autonomia, liberdade e flexibilidade

Como empreendedor, você tem o controle sobre todas as decisões, dos horários à forma como dirige seu negócio. Nunca se esqueça de que

---

12   Disponível em: *Empreendedorismo é o sonho de 6 em cada 10 brasileiros*, diz pesquisa. Acesso em abril de 2024. Disponível em: https://revistapegn.globo.com/empreendedorismo/noticia/2023/05/empreendedorismo-e-o-sonho-de-6-em-cada-10-brasileiros-diz-pesquisa.ghtml

tais decisões serão sempre suas. Já pensou na diferença que você faria na vida do seu filho se conseguisse, por exemplo, levá-lo e buscá-lo todos os dias na escola? Ou, ainda, em como seria prático não se preocupar com consultas médicas marcadas no meio da tarde?

Na vida de quem adota o empreendedorismo, quem determina o nível de importância das coisas é o empreendedor. Nada impedirá você de flexibilizar sua agenda e distribuir o seu tempo de acordo com as suas necessidades. No trabalho, tirar o pé do acelerador, frear ou acelerar com tudo é uma deliberação que cabe apenas a você.

Essa flexibilidade para com suas atividades dentro do negócio permite que suas metas sejam constantemente rearranjadas, se necessário. Quem nunca teve um chefe com exigências sobre-humanas? Ou metas fisicamente impossíveis de ser alcançadas? Sendo você o próprio manda-chuva, tudo é passível de alteração.

Potencial de crescimento

Ao construir seu próprio negócio, você tem em suas mãos o potencial de construir sua renda, ou seja, crescer e expandir, alcançando novos mercados e conquistando influência ao longo do tempo. Para isso, não tenha medo de começar sozinho. Esse é um caminho natural, e se você permanece estagnado, esperando por outros com sonhos parecidos com os seus para se juntarem à sua causa, talvez nunca saia de onde está.

Se você dominar o seu medo, sem sombra de dúvida vencerá o seu maior bloqueio e alcançará o sucesso. É o seu trabalho que depois viabilizará a contratação de uma segunda pessoa, e assim por diante, até que o negócio comece a pedir por mais e mais gente. Quando perceber, terá uma bela equipe fazendo para você o trabalho que antes era todo depositado em suas duas mãos. Portanto, acredite no processo, e não espere por parceiros que, muito provavelmente, nunca aparecerão. Seja você o motivo pelo qual sua empresa precisa de mais pessoal.

Realização pessoal e profissional

Ao criar e gerenciar seu próprio negócio, você oportuniza suas paixões e ideias, tornando-as não só realidade, mas proporcionando para si mesmo(a) satisfação pessoal e profissional em conjunto. Todos já ouvimos aquele velho ditado: "Faça o que gosta e não precisará trabalhar nenhum dia de sua vida." Apesar de eu concordar em parte com essa frase, já que, segundo o meu ponto de vista, tudo aquilo que nasce para ser grandioso é, por consequência, trabalhoso, reconheço que muitas pessoas gostariam de tomar as rédeas de suas próprias vidas. Quem não gostaria de poder usar e abusar da criatividade sem podas, ou de organizar-se da maneira que lhe for mais conveniente? Tendo isso em vista, eu mudaria um pouco esse ditado e diria: "Faça as coisas *como* gosta e não precisará trabalhar para ninguém além de você."

Desenvolvimento de habilidades

Empreender é um constante aprendizado. Seguindo esse caminho, você desenvolverá uma ampla gama de habilidades, desde liderança até o sentido especializado sobre as necessidades mais específicas do seu setor. No começo, talvez a sua empresa tenha uma pessoa só e, nesse caso, o financeiro, o administrativo, o comercial, a comunicação e as demais atividades sairão direto da sua mão. Não se assuste com isso, pois muita gente que hoje está milionária começou assim.

Ser multitarefas trará a você muitos desafios, mas também o(a) ajudará a entender todas as etapas pelas quais o seu produto ou serviço passam até chegar no destinatário final. E um bom empreendedor e chefe conhece todos os processos. Mais do que isso: sabe atuar em todos eles, se for preciso.

Impacto na comunidade

Ao gerir um negócio bem-sucedido, você pode fazer a diferença em sua comunidade, gerando empregos, promovendo o crescimento econômico local e oferecendo produtos ou serviços que atendam às necessidades do seu cliente.

Como já venho tratando desse assunto, não se faz necessária uma longa explicação, somente o reforço de que o impacto positivo na vida das pessoas é uma das faces mais satisfatórias do empreendedorismo. Assim pareceu a mim, e desejo muito o mesmo sentimento de satisfação para todos que resolvam seguir o meu exemplo. Solucionar problemas reais por meio de um serviço que ofereço é uma realização que, para mim, não tem preço.

Criatividade e inovação

Como empreendedor, explorar e inovar em seu campo de atuação é um benefício maravilhoso, pois, quando encontramos soluções únicas para desafios complexos, somos valorizados pelos clientes.

Apostar em novos caminhos é parte do ofício de empreender, ainda mais quando percebemos que estamos na rota certa e vemos o que acontece de perto: o retorno é como um motor que nos impulsiona a pensar fora da caixa cada vez mais.

Networking e conexões

Conhecer uma variedade de pessoas é um dos superpoderes do empreendedor, desde outros empreendedores até potenciais clientes e parceiros de negócios, possibilidade que, além de expandir sua rede de contatos, abre as portas do mercado.

Refiro-me ao networking como um superpoder, já que beneficia não apenas a sua vida pessoal, mas também a profissional, e, ao mesmo tempo em que você se dedica a seus clientes, participa de congressos, feiras e eventos do setor, ampliando ainda mais a sua rede de contatos.

Adaptação a mudanças

No mundo dos negócios, mudar é inevitável. Empreendedores estão constantemente se adaptando a novas tendências, tecnologias e demandas do mercado, o que pode ser desafiador, mas também emocionante e estimulante.

Sou a prova viva de como negócios se tornam bem-sucedidos através de adaptações, pois já passei por muitas áreas, e não por livre e espontânea vontade: a vida se encarregou de me lançar a novos rumos. Quando coisas assim acontecem, é preciso ter resiliência para se desconstruir e reconstruir. Claro que não é fácil mudar os planos, mas "o que não nos mata, deixa-nos fortalecidos".

Legado

Ao construir um negócio bem-sucedido, você cria um legado, deixando uma marca duradoura no mundo e inspirando outros a seguir seus passos. Isso pode ser entendido por um viés mais pessoal, no qual você, como provedor, proporciona boas condições de vida a seus familiares; ou, pelo lado profissional, no qual sua empresa continuará atendendo com qualidade, sendo inovadora, especialista e atenciosa com seus clientes e sua comunidade.

Esses são apenas alguns dos muitos benefícios que o empreendedorismo pode oferecer. Porém, saiba: os desafios as e incertezas o acompanharão ao longo da jornada, e o sucesso requer trabalho árduo, dedicação e resiliência, ou seja: não há como escapar desse lado mais exigente do mundo empreendedor. A diferença é que **vale a pena**.

MAS, QUANDO É HORA DE LARGAR O SALÁRIO?

Só você pode responder essa pergunta, mas quero ajudá-lo(a) falando sobre a estabilidade e liberdade financeira. No primeiro caso você trabalha para o dinheiro; no segundo, o dinheiro trabalha para você. Vou explicar melhor. Podemos dizer que existem duas formas de buscar a estabilidade financeira: ser empregado, ou seja, receber um salário em troca do esforço do seu trabalho, ou ser autônomo.

Quem opta por ser empregado, do faxineiro de uma empresa ao vice-presidente, independentemente da disparidade salarial entre as ocupações, tem segurança financeira como algo primordial. São pessoas que compartilham valores fundamentais, que frequentemente expressam o desejo por um emprego seguro com bons benefícios e questionam sobre as horas extras ou feriados concedidos. São pessoas que preferem um cargo com registro em carteira, mesmo que vejam seus salários sendo desvalorizados ano após ano ou não tenham perspectivas de crescimento nas empresas em que trabalham.

Ao discutir minha paixão por iniciar novos empreendimentos com alguém que tenha como valor a segurança financeira, talvez esses indivíduos fiquem preocupados com os riscos envolvidos, mas cada um de nós enxerga a vida através da lente de nossos próprios valores essenciais. O que é emocionante para mim pode ser intimidador para outra pessoa, assim como o ditado de que "o que é comum para a aranha pode ser o caos para a borboleta".

Quem opta por ser autônomo está em busca de liberdade para seguir seus próprios desejos. Ou seja, quando alguém decide deixar seu emprego e trabalhar por conta própria, está trilhando o caminho da independência, como os donos de micro e pequenas empresas, especialistas e consultores, profissionais que recebem por comissão; como advogados, corretores de imóveis e seguros, ou prestadores de serviços da saúde, como médicos, fisioterapeutas e dentistas independentes.

Em princípio, ser autônomo se parece muito com empreendedorismo. Afinal, você agora é dono do seu negócio, é um trabalhador independente, certo? Mas eu lhe pergunto: se você tirar férias ou ficar doente, o negócio vai se manter? A resposta é não. Porque você não tem o dinheiro trabalhando para você. Apesar de ser independente, de não ser subordinado a uma empresa ou chefe, ainda assim você trabalha pelo dinheiro.

Frequentemente, essas pessoas se orgulham de seu trabalho. Contudo, por trás da aparência de independência, muitas vezes há falta de confiança. Digo isso porque, dada certa confiabilidade, seus negócios poderiam ir muito mais além do que são hoje.

Veja bem, essas pessoas frequentemente são remuneradas por comissão ou pelo tempo dedicado ao trabalho, e a verdadeira independência financeira não depende de nada disso. Existem empecilhos a serem superados aqui, e um deles pode ser o ego. Quer um exemplo? Então, pare e avalie as competências dos membros da sua equipe. Se você concluir que é a pessoa mais capacitada entre eles, saiba que você tem um grande problema, e vai precisar solucioná-lo o quanto antes.

Reveja se este não é o seu caso. Quando trabalhamos com outras pessoas, sendo autônomos, e nosso negócio não cresce, a primeira falha que devemos buscar reside em nós mesmos, e não em nossos parceiros. Admita as ideias de outras pessoas, não bata na mesma tecla. Admita que há quem seja excelente em áreas que não são do seu domínio, e não entenda autonomia como sinônimo de fazer tudo sozinho.

Por outro lado, quando se busca liberdade financeira, você faz o dinheiro trabalhar para você. Aqui a construção da riqueza é essencial, e podemos mencionar duas formas de conquistá-la: sendo um empreendedor ou um investidor.

Na primeira, sendo um empreendedor, você é dono de um negócio. Porém, começar do zero e criar grandes empresas requer o reconhecimento e a valorização das equipes, formadas por sua excelência e eficiência, que desejam verdadeiramente servir e trabalhar com o maior número possível de pessoas. Por isso, nesse caso, há uma constante busca pelos melhores talentos.

Apesar da semelhança em ser autônomo devido ao fato de ambos proporcionarem tempo flexível, aqui você tem um sistema trabalhando duro para gerar dinheiro. Você investe dinheiro para que o dinheiro trabalhe por você no futuro. Enquanto um autônomo, por exemplo, deseja ser o melhor em sua área, um empreendedor busca construir uma equipe com aqueles que sejam os melhores em suas áreas. Consegue ver a diferença?

Os especialistas que são autônomos, muitas vezes, são absurdamente competentes, enquanto os empresários que fazem os negócios correrem podem não saber tanto quanto, mas sabem da necessidade de ter as pessoas certas por perto, trabalhando para eles, de montar equipes fortes. Assim, podem se ausentar e continuar lucrando.

Pergunte-se: se hoje você parasse de trabalhar, por quanto tempo sua renda continuaria entrando?

Agora já sabe qual melhor perspectiva buscar para chegar aonde deseja!

Quando você se torna um empresário dentro de um modelo de negócios baseado na formação de pessoas, como o que eu criei, em um sistema multiplicador de equipes de alta performance, não é você quem produz o dinheiro, mas o sistema do negócio. Por isso, você conquista a liberdade financeira tão sonhada, pois o dinheiro se faz independentemente do seu tempo. Nesse patamar, você pode não trabalhar por anos e ainda assim o dinheiro continuará entrando.

Na segunda forma de conquista, sendo investidor, você recebe o retorno sobre os investimentos que faz e é livre para desfrutar da liberdade, pois construiu riqueza de fato.

Os investidores enxergam o dinheiro de forma diferente, pois, em vez de eles próprios trabalharem para gerar lucros, investem para que outros trabalhem por eles. Pode-se investir em uma variedade de ativos, como ouro, imóveis, empresas, ações, rendas fixas e fundos de investimento.

Mas esse é um patamar a que você chega mais adiante, pois precisa primeiro ter dinheiro para investir, ou seja, o modelo de negócios em que você empreende com um sistema trabalhando para você, que acabei de citar, é uma ponte para chegar a esse patamar de se tornar um investidor.

Quando você estiver dizendo: "Estou recebendo 20% de retorno sobre meus investimentos" ou "Quero ver os números dessa empresa" ou, ainda, "Quero saber quais as despesas diferidas envolvidas na manutenção dessa propriedade", é porque se tornou um investidor.

O que quero dizer com isso pode ser resumido muito simplesmente: se você deseja prosperar, precisa mudar sua mentalidade e seus valores. Se você quer assumir o controle de sua vida e do seu destino, se busca a verdadeira liberdade – aquela que permite tomar decisões, definir seus próprios horários, desfrutar do tempo com sua família e reservar momentos para si mesmo(a), fazendo as coisas que ama –, se almeja viver a vida que merece, sem restrições, movida a paixão, entusiasmo e realização, então é hora de arrumar suas malas e se mudar. É hora de deixar para trás a zona de conforto e avançar em direção ao desconhecido.

A crença de que o trabalho árduo por si só levará à riqueza é falaciosa. É uma ideia profundamente enraizada em nossa cultura, mas que não condiz mais com a realidade moderna. E o mais triste de tudo é que inúmeras pessoas foram condicionadas a acreditar nisso, mesmo diante das evidências que provam o contrário.

Mas isso não significa que não haverá trabalho pesado. Todo empreendedor sabe que o sucesso de seu negócio, de sua carreira, depende demasiadamente de seu esforço. Resumindo: o conceito de construir riqueza e liberdade financeira exige, sim, esforço.

Não se deixe enganar por aqueles que prometem um caminho fácil. Há um abismo entre trabalhar duro para fazer dinheiro e criar uma riqueza real. Trabalhar apenas pelo dinheiro muitas vezes leva a um ciclo interminável – boletos e trabalho, trabalho e boletos. Só que existem os dois lados da moeda. Certamente você conhece alguém que trabalhou incansavelmente ao longo da vida apenas para encontrar-se em uma situação de mera subsistência. Infelizmente, todos nós conhecemos uma pessoa assim.

O mundo está repleto de histórias parecidas: de quem usou do trabalho como respaldo para a prosperidade e ela nunca chegou; pessoas que culpam a si mesmas, achando que falharam ao longo do caminho. São pessoas que fizeram tudo certo, não é verdade? Mas, ainda assim, não conseguiram.

Talvez não tenham se esforçado o suficiente, ou talvez tenham faltado oportunidades. Ou, quem sabe, o sucesso simplesmente não estava destinado a elas. Uma ideia **absurda**. O problema é que o mito do trabalho duro é exatamente isso: um mito. E alcançar a **liberdade** financeira exige esforço; claro que exige, e muito. O que estou questionando aqui é o modelo no qual esse esforço é aplicado.

Trabalhar pela **segurança** financeira, infelizmente, não leva você à prosperidade que tanto almeja. Escolher um modelo de negócios que lhe proporcione liberdade financeira sim. E é isso que vou apresentar a você mais adiante porque, como mencionei, eu alcancei os meus sonhos, conquistei o que queria, mas tenho um propósito de vida, que é fazer com que mais pessoas alcancem esse patamar, por isso não parei até hoje. Continuo firme e forte capacitando pessoas para vender, montar equipes e liderar times de alta performance.

> ## A verdadeira riqueza vem do controle sobre a fonte de sua renda. Lembre-se disso como um mantra.

João Rodrigues da Silva Neto

Sugestão de exercício

Analise o quadro a seguir e identifique em qual situação você se encaixa.

Quadrantes financeiros

Dependência do Trabalho **Se não trabalha, não ganha.**	Liberdade Financeira **O dinheiro trabalha para você.**
Empregado Você troca tempo e esforço por seu salário. Tem previsibilidade e rotina.	Empreendedor / Empresário Você é dono do seu negócio. Tem um sistema trabalhando para gerar dinheiro pra você. Se você não trabalha, seu time continua gerando dinheiro.
Autônomo Você é dono do seu emprego, tem independência, não tem chefe, mas não tem um negócio trabalhando por você; ainda depende do esforço pessoal do seu trabalho para ganhar dinheiro.	Investidor Você construiu riqueza e vive de renda, podendo desfrutar da liberdade de não trabalhar.

EMPREENDER É O CAMINHO. MARKETING DE RELACIONAMENTO É O NEGÓCIO.

Ter autonomia para tomar suas próprias decisões, ser dono do seu negócio, construir sua renda de acordo com seu resultado, conquistar flexibilidade geográfica e de horário de trabalho e, claro, liberdade financeira. Esses são alguns dos bons motivos que levam milhares de pessoas no mundo todo em busca do empreendedorismo. Empreender é o caminho, fato! A grande maioria das pessoas bem-sucedidas é empreendedora. Se não fosse pelo empreendedorismo, a economia mundial estaria em maus lençóis.

Ao sentir-se estimulado e decidido a empreender, muito do que ronda em sua cabeça deve ser: "Por onde começo?", "Devo pedir demissão do trabalho?", "O que faço com o valor da rescisão?", "Que caminho devo seguir agora?" Contudo, quando a gente fala em empreender, creio que seja meu papel apresentar-lhe o contexto e as possibilidades que giram ao redor desse termo.

O empreendedorismo é uma jornada repleta de desafios e obstáculos que requerem resiliência e planejamento. Um dos principais desafios são os custos iniciais e operacionais. Você tem um bom capital para começar? Abrir uma loja, um comércio, uma empresa ou até mesmo uma franquia são algumas formas de ter seu próprio negócio, mas que podem ter custos extremamente elevados, exigindo um investimento substancial para aquisição e implementação. Além disso, custos com funcionários representam uma parte significativa do orçamento, incluindo salários, benefícios e encargos trabalhistas. Os custos com aluguéis de espaços comerciais também podem ser onerosos, especialmente em áreas de grande visibilidade e fluxo de clientes. Custos administrativos, como contabilidade, marketing e tecnologia são necessários para manter a operação funcionando eficientemente, mas podem se acumular rapidamente.

Diante desse sonho de empreender, muitas pessoas se endividam, pois recorrem a empréstimos para financiar suas operações. Porém a má gestão financeira e a incapacidade de gerar receita suficiente para cobrir os custos podem gerar uma carga de dívida significativa e até levar à falência, um destino que infelizmente atinge muitos negócios novos. Fora que a maioria das pessoas simplesmente não tem os recursos ou a resistência necessária para lidar com os desafios que surgem pela frente.

Para mitigar esses riscos, é essencial um planejamento financeiro cuidadoso, uma gestão eficaz dos recursos e a capacidade de adaptação às mudanças do mercado. Sem falar na escolha do ramo em que vai empreender, ponto que influi diretamente nas maiores ou menores chances de sucesso.

Mas, ainda assim, construir um negócio do zero é arriscado e exige um grande investimento de tempo e dinheiro, com resultados incertos.

Você deve estar se perguntando: "Então qual é a solução? Como resolver esses problemas?".

Não existe apenas uma maneira de ganhar dinheiro, logicamente, entretanto o Marketing de Relacionamento é uma das mais efetivas, porque, além do ganho financeiro, há outras vantagens incorporadas a ele, como flexibilidade e liberdade financeira, mas o mais importante – e o que faz toda a diferença – é que nesse modelo você tem um sistema que trabalha para você.

Esse modelo foi crucial para garantir o sucesso da minha trajetória, porque você não precisa pagar franquia, não precisa montar uma loja, fábrica, nem showroom, não precisa pagar aluguel nem registrar funcionários. É, de longe, o melhor negócio para quem deseja empreender e realizar seus sonhos. Aqui o investimento inicial é baixo, e não exige dedicação em tempo integral. Com o tempo, essa poderá se tornar a sua principal fonte de renda.

O Marketing de Relacionamento, em seu cerne, é
um modelo de negócios em que produtos ou serviços
são vendidos através de uma rede de consultores
de vendas e distribuidores independentes. Dentro

desse sistema, eles não apenas vendem, mas também recrutam e treinam novas pessoas, tecendo, dessa maneira, uma rede de parceiros de negócio.

Vou exemplificar. Consideramos uma empresa de médio e grande porte aquela que engloba 100 ou mais funcionários. Diante disso, se você constrói uma rede com essa quantidade de distribuidores independentes, o que você possui é, definitivamente, uma empresa, ou seja, você monta o seu negócio sem custo. E o melhor é que esse sistema é projetado para se expandir muito além de 100 pessoas. O que vejo, pela minha experiência de negócios, é que essa empresa pode crescer em centenas ou até mesmo milhares. E digo mais: não é incomum ver redes de dezenas de milhares de pessoas.

Temos a nosso dispor um poder realmente tangível. Esse poder, também conhecido como alavancagem, reside no fato de que essa rede de distribuidores recebe comissões não apenas pelas vendas diretas que realizam, mas também por aquelas realizadas pelos consultores de vendas e distribuidores que eles recrutaram, processo este que ocorre em vários níveis e ininterruptamente.

Sendo mais claro ainda: é um efeito cascata, no qual você não apenas recebe comissões pelas vendas feitas por terceiros que indicou para a empresa, mas também recebe as vendas concretizadas por quem foi indicado pelos terceiros que você introduziu no negócio, tanto direta quanto indiretamente, e isso contribui significativamente para os seus ganhos totais.

A essência é tão simples quanto brilhante: em vez de investir enormes quantias em diversas agências e canais de comercialização para promover produtos ou serviços, por que não remunerar os entusiastas desses produtos para que os promovam?

É exatamente isso que uma empresa de Marketing de Relacionamento faz: ela compartilha uma parte de cada venda com seus distribuidores independentes, que geralmente são também os consumidores mais engajados e apaixonados pelos produtos.

É importante, neste ponto, fazer uma ressalva: o exclusivo modelo de negócio ao qual me refiro, no qual atuo há 37 anos e ao qual chamamos de Marketing de Relacionamento, não é um esquema de pirâmide. Faço questão de reforçar seu mecanismo e sua legitimidade.

Diferentemente dos esquemas de pirâmide, que são ilegais e insustentáveis financeiramente, o Marketing de Relacionamento baseia-se na venda real de produtos ou serviços, e as comissões são geradas a partir dessas vendas. Quando operado de maneira ética e legal, esses sistemas podem abrir oportunidades de negócios vantajosas e autênticas para os indivíduos que optam pelo caminho do empreendedorismo.

Em suma, com baixo custo inicial, você se depara com um potencial de ganhos ilimitados e um sistema de ganho financeiro com alto potencial de expansão, graças à capacidade de construir uma rede de distribuidores que futuramente podem lhe gerar uma renda passiva. Esse é um dos motivos que faz esse negócio ser tão promissor e uma oportunidade real e viável rumo à prosperidade. E quem o descobre não se imagina mais atuando no mercado em outro formato.

Esse acaba sendo um ponto de virada na vida de muita gente, como foi na minha. Diferentemente de quem tem um salário pago por um empregador ou mesmo quem é autônomo e precisa unicamente da sua força de trabalho para ganhar dinheiro, nesse modelo de negócio é possível ganhar tanto quanto sua rede de relacionamento gera.

Renda ativa e passiva

Renda ativa é a renda que você obtém através do seu trabalho direto, como o salário pago por um empregador ou honorários por serviços prestados, como ganham os médicos e advogados. Podem, ainda, ser as comissões baseadas nas vendas ou performances, como ganham os vendedores. A característica principal da renda ativa é que ela depende diretamente do seu esforço e do tempo que você dedica. Se você parar de trabalhar, essa renda cessa.

> Renda passiva é a renda gerada a partir de ativos que você possui, sem a necessidade de um esforço contínuo para mantê-la. Exemplos de renda passiva são: renda de aluguel de imóveis; lucros ou dividendos de empresas; royalties sobre propriedade intelectual, como livros, músicas, patentes ou rede de distribuidores no Marketing de Relacionamento.

Dentro dessa lógica, é crucial discernir entre fluxo de caixa e ganho de capital, algo frequentemente negligenciado.

Fluxo de Caixa x Ganho de Capital

> Fluxo de caixa é a renda que você recebe regularmente de um ativo, como o aluguel de uma propriedade. Ganho de capital é o aumento do valor de um ativo ao longo do tempo, que só se realiza quando você vende o ativo.

Muitas pessoas investem visando apenas o ganho, afirmando que, por exemplo, ao investir no ramo imobiliário, "O valor da minha casa aumentou" ou "O valor do meu carro subiu". Isso se trata de ganho de capital, e só será fluxo de caixa quando você vender a casa ou o carro. Ao mesmo tempo, quando se vende aquele bem, queima-se o ativo para obter esse dinheiro. É como vender uma vaca para obter o dinheiro. Eu, da minha parte, prefiro ficar com a minha vaquinha e vender o leite.

Ao empreender utilizando o Marketing de Relacionamento, não apenas adquirimos habilidades imprescindíveis para o ramo, mas também criamos um ativo tangível para nós mesmos. Se você recebe um salário em um emprego convencional, no Marketing de Relacionamento você constrói um ativo – seu próprio negócio –, que gerará renda passiva. Assim, você está criando uma estrutura (ativo) que pode continuar a gerar renda (passiva) mesmo você não estando diretamente envolvido ali no dia a dia.

Mas ainda quero lhe dar outros conselhos. Há algo importante que preciso lhe dizer e que fará diferença na sua trajetória como empreendedor. Permita que eu lhe faça uma pergunta: você tem bons parceiros? Veja aonde cheguei trabalhando em conjunto, que começou comigo e com Zenilda, e que depois passou a contar com a dedicação dos nossos filhos.

Encontrar uma parceria, alguém com quem você possa contar e compartilhar o que está pensando, alguém com quem possa rever as tomadas de decisão, é muito importante nessa jornada. Toda alegria e todo fardo devem ser divididos. Assim como toda honra e toda glória agradecida diariamente a Deus.

> O Marketing de Relacionamento não é sobre como ter mais renda; é sobre como construir um ativo.

João Rodrigues da Silva Neto

O MAIOR MERCADO DA AMÉRICA LATINA

O Brasil está na sétima posição entre as maiores receitas em vendas diretas no mundo e lidera o ranking entre os países da América Latina. De acordo com dados da Associação Brasileira de Empresas de Venda Direta (ABEVD)[13], em 2022, nós só ficamos atrás dos Estados Unidos, da Coreia do Sul, da Alemanha, da China, do Japão e da Malásia. A venda direta de produtos e serviços movimentou R$ 45 bilhões durante 2022 no Brasil, fruto do trabalho de 3,5 milhões de empreendedores que atuam como distribuidores ou representantes de vendas, revendendo diretamente das empresas para o cliente final.

Se, no passado, empreender era uma atividade ligada a pessoas de meia-idade e aposentados, hoje, mais da metade dos empreendedores independentes de venda direta são jovens de 18 a 29 anos, que dedicam tempo integral à atividade (63,5%). Esse dado da ABEVD mostra também a revolução de um setor que antes era visto apenas como uma possibilidade de renda extra.

Além de abarcar pessoas de variadas idades, a ampliação de segmento e a relevância que vem tendo colocam as vendas diretas como uma peça importante para a nova economia. Isso porque, como já venho mencionando aqui, o brasileiro tem uma inclinação para o empreendedorismo, mas, infelizmente, muitas vezes, esse talento acaba não sendo explorado, e a vida segue tomando outros rumos.

Todavia, uma coisa posso afirmar com certeza: quem escolhe o caminho do empreendedorismo não se arrepende, ainda mais quem já teve a vivência de um trabalho CLT, submetendo-se a regras, horários e condições de terceiros. Assim, essa transição tem sido cada vez mais comum quando há um negócio que facilita a entrada do brasileiro no

---

13 Relatório aponta Brasil como sétimo país em vendas diretas – ABEVD. Valor Econômico. Acesso em abril de 2024. Disponível em: https://www.abevd.org.br/valor-economico-relatorio-aponta-brasil-como-setimo-pais-em-vendas-diretas/

empreendedorismo, que é o que acontece quando as pessoas conhecem o marketing de relacionamento. Enxergam logo de cara uma possibilidade de mudança drástica, não apenas em termos de dinheiro, mas de qualidade de vida.

Com o Marketing de Relacionamento, você tem a chance de enfrentar seus medos e liberar o vencedor que está em você, encarando uma transição de carreira rumo à construção de riqueza e à liberdade financeira.

João Rodrigues da Silva Neto

UM SISTEMA GANHA-GANHA

Chegou o momento de mostrar mais sobre nosso modelo de negócios exclusivo, o Marketing de Relacionamento, que mencionei durante todo este livro, mas que explicarei com mais afinco agora. Você vai entender por que ele é o melhor modelo comercial para que realize seus sonhos, assim como eu realizei os meus como empreendedor.

São muitas as vantagens em relação aos formatos tradicionais, principalmente porque desenvolvemos um modelo Dual de negócios, ou seja, baseado em duas frentes: permite que você venda e ensine a vender ao mesmo tempo. Você ganha para ensinar e seu consultor ganha para aprender. Trata-se de um sistema multiplicador, em que você pode se tornar um parceiro e distribuidor independente e formar uma cadeia de distribuidores independentes afiliados. Além do lucro comercial das vendas, você constrói sua renda passiva. É o sistema ganha-ganha. **Se você quer renovar seus sonhos, este é o primeiro passo.**

Pense: se você trabalha, produz, vende, faz um serviço, você recebe por aquilo. Ou seja, você tem que trabalhar para fazer dinheiro. Quando eu vendia panelas, eu tinha essa renda. Até aqui, tudo bem. Mas não era suficiente para que eu ficasse rico, porque eu não tinha a renda passiva. Com esse sistema, é diferente. Você trabalha antes, constrói uma estrutura e recebe para o resto da vida. Foi aí que eu fiquei rico.

Desde 1987 trabalhamos dessa forma. Nesse modelo, todos têm duas metas a seguir: uma delas é a meta de VENDAS, que gera renda ativa. Ou seja, é você trabalhando pelo dinheiro. A renda ativa é formada pela renda do seu trabalho, somada ao lucro comercial.

A outra meta é baseada em FORMAR, ou seja, você investe na formação de equipe, que passará a vender os produtos e gerará uma renda passiva – aqui é o sistema que trabalha para você. Entendeu por que chamamos nosso modelo de negócios Dual? Nele você faz as duas coisas ao mesmo tempo. Enquanto está vendendo, você não está só ganhando dinheiro, mas também formando vendedores e duplicando o sistema. Você também pode chamá-lo de "sistema ganha-ganha"!

Assim, seguindo o nosso modelo de negócios, não saímos de casa apenas para fazer uma venda. Sempre saímos para vender e formar novas pessoas para a equipe. A venda é uma consequência. Por isso, o meu lema é **vender e formar**. Essa é a essência do nosso modelo exclusivo dentro do Marketing de Relacionamento.

E foi isso que mudou a minha vida. Eu comecei a formar 10 distribuidores, depois 20, 30, 200, 500, 1.000, 5.000, 10.000, etc. Ao longo da nossa jornada, já formamos mais de 50 mil CNPJs. Então, é aqui que diferimos do mercado tradicional. Não é milagre. É um efeito cascata.

A principal causa da falha é não ter definido um objetivo principal na vida, ou a incapacidade de definir metas claras e alcançáveis. Um objetivo definido irá mantê-lo em constante movimento numa direção.

João Rodrigues da Silva Neto

Posso afirmar sem medo de errar que um dos pilares do nosso sucesso foi a adoção desse modelo de vendas, um modelo exclusivamente aperfeiçoado por nós com foco na formação de pessoas, nas vendas diretas e no *home meeting*.

Deixe-me explicar melhor o que é o *home meeting*. Trata-se de uma estratégia de marketing na qual um consultor de vendas ou representante organiza pequenas reuniões para apresentar os produtos ou serviços aos consumidores finais, através de uma venda consultiva. Esse modelo permite uma interação mais pessoal e personalizada com o cliente, muitas vezes aproveitando o ambiente confortável e familiar da casa do possível comprador para criar uma atmosfera mais receptiva.

Em um mundo de ampla concorrência, de excesso de informação, de contatos cada vez mais robotizados, a experiência personalizada, ao vivo, na casa da pessoa, o representante de vendas atuando como um consultor e amigo ao mesmo tempo, indicando os melhores produtos, negociando as melhores formas de pagamento, conquistando a atenção do cliente com dedicação, torna-se um diferencial para o sucesso dos negócios na área de vendas.

Esse é o verdadeiro segredo do Marketing de Relacionamento. **Não fazemos apenas vendas como a maioria hoje faz, criamos um relacionamento com os clientes que podem vir a fazer parte da nossa rede de negócios.**

O PODER DE UMA REDE FORTE DE RELACIONAMENTOS

Se hoje há pessoas, marcas e empresas que não sobrevivem sem as famosas redes sociais, podemos dizer que o verdadeiro poder para o enriquecimento não está nas telas, tampouco em qualquer produto: o poder está na rede. Se você quiser enriquecer, a melhor estratégia é encontrar um meio de construir uma rede forte, viável, de bom crescimento.

Quando falamos de Marketing de Relacionamento, dizemos que você atuará como o portador da mensagem, não como a própria mensagem. Para expandir sua rede, não é necessário ser um vendedor extraordinário, mas sim ter autoconfiança, lidar com a rejeição, comunicar-se efetivamente, ser um bom contador de histórias, demonstrar interesse genuíno pelas pessoas e saber orientar. É algo parecido com o que chamamos hoje de *soft skills*, e está ligado à inteligência emocional.

Essas habilidades estão ao alcance de qualquer pessoa. Se você já organizou um campeonato esportivo, um clube de leitura, se já participou de uma campanha política ou de um comitê religioso, ou mesmo se já tocou em um grupo musical ou fez parte de uma companhia teatral, posso afirmar que você já possui experiência para a construção de uma rede. Mais do que simplesmente vender, é crucial dominar a arte do networking, treinamento e formação de equipe.

Treinamos nossos times ensinando o passo a passo para fazer o negócio dar certo. Porém algumas atitudes, já adianto, precisam ser desenvolvidas se você deseja realmente ter um sucesso estrondoso nessa área. Pessoas se relacionam com pessoas, e tendem a ficar do lado daqueles que são sua "rede de apoio e confiança", suas comunidades. Criar conexão e gerar confiança são passos fundamentais para quem deseja crescer na área de vendas.

Quando eu tinha 25 anos, li um livro que é um best-seller, até hoje recomendado para quem atua na área de vendas: *Como Fazer Amigos e Influenciar Pessoas*, de Dale Carnegie[14]. Ao destrinchar o livro, aprendi muito e fui me aprimorando. Ao longo da minha caminhada, entendi que, apesar de falar muito, o bom vendedor precisa saber ouvir mais, usando o que ouviu a seu favor. Você se lembra da história do meu pai com a venda do trator? Imagine se ele não estivesse atento e tivesse deixado passar que o vizinho precisava de um trator... Teria perdido o negócio!

Quando desenvolvi o modelo de negócios em que atuo, parti do princípio de que não fazemos uma simples venda comercial, criamos um relacionamento com os clientes, que passam a fazer parte da nossa rede atuando como influenciadores, e mais adiante como consultores de vendas e distribuidores. Influenciamos do início ao fim. Por isso, acreditamos que precisamos ser usuários dos produtos que vendemos, para que tenhamos mais poder de conhecimento dos seus benefícios e, consequentemente, mais influência.

É claro que o produto ou serviço com o qual você trabalha faz toda a diferença, porque quando ele é bom, tudo fica mais fácil. Eu sempre digo que encontrei o combo perfeito entre a oportunidade de ganhar dinheiro e de levar bem-estar para as pessoas. Quer coisa melhor do que vender um produto que vai deixar alguém mais feliz, com mais saúde e boas noites de sono? Mas nada disso adianta se você não conseguir focar nesses benefícios e na resolução dos problemas do cliente. Nessa hora, entra a importância da validação da qualidade do seu produto.

---

14 CARNEGIE, Dale. *Como Fazer Amigos e Influenciar Pessoas*. São Paulo: Companhia Editora Nacional. 45ª Edição, 1995.

Uma das coisas que Dale Carnegie me ensinou foi a importância de uma boa comunicação e que qualquer pessoa pode falar em público, expressar-se com sucesso ou negociar plenamente suas vendas quando confia em si mesmo.

No começo, eu não tinha facilidade para falar em público, mas essa foi uma das transformações incríveis que esse negócio me proporcionou. Pouco a pouco fui construindo minha habilidade de comunicação e ganhando confiança, até me tornar um líder de referência.

Durante as vendas, ter depoimentos de clientes satisfeitos e histórias de sucesso para ilustrar o que você diz pode ajudá-lo(a) muito: são como um trunfo no momento do fechamento da venda.

Se uma ideia nova ferve na minha cabeça ou se tenho algo muito importante no dia seguinte, mal consigo dormir. Quando Zenilda e eu estávamos empreendendo juntos nos bolos, depois nas panelas ou em outros negócios que tivemos, sempre começamos com esse fervor. Precisamos desse impulso de acreditar que somos capazes; a autoconfiança precisa ser sua parceira. E, para chegar até ela, não há atalhos. Apenas comece. Apenas tente! Dê o primeiro passo. A partir daí, tome nota das experiências de sucesso e de fracasso, para que não repita as ruins. Saiba disso: a autoconfiança é algo que se constrói, não algo que se adquire da noite para o dia.

 Listei aqui alguns exemplos que uso em meus treinamentos sobre como fazer com que a influência positiva se reverta em vendas:

1. **Sorria.** Um sorriso sincero pode abrir muitas portas e criar uma atmosfera favorável, tornando as interações mais agradáveis e acolhedoras. Comece e termine sempre sorrindo.

2. **Sempre fale o nome do cliente.** O nosso nome é a palavra que mais ouvimos na vida. Desde a barriga da nossa mãe ele nos é repetido. É o som mais doce e importante em qualquer idioma. Usar o nome do cliente mostra respeito, consideração e fortalece vínculos.

3. **Desperte no cliente um desejo ardente.** Ele precisa desejar, querer profundamente o que você está vendendo. E, para isso, é preciso mostrar

como seu produto trará benefícios para os interesses e os objetivos dele; ou seja, é preciso entender os desejos dele para apresentar nossas ideias, de forma a satisfazê-los.

4. **Seja um(a) bom(boa) ouvinte.** Para entender os reais desejos do seu cliente, você precisa primeiro ouvir mais do que falar. Ouça atentamente e o incentive a compartilhar histórias que possam ajudá-lo de alguma forma em sua negociação.

5. **Mostre-se interessado(a).** Um interesse sincero cria conexões mais profundas e significativas. Essa é a base para desenvolver um relacionamento e conquistar seu cliente, ou seja, vender mais. É preciso mostrar-lhe que ele é importante e que você realmente deseja ajudá-lo com seus produtos.

6. **Consiga que o cliente diga sim de imediato.** Essa técnica pode ser colocada em prática iniciando a conversa com pontos de acordo entre você e seu cliente. Fazendo perguntas às quais as respostas são "sim", você cria um ambiente receptivo para sua negociação.

7. **Aborde assuntos que interessem ao cliente.** Ao falar sobre o que é importante para o cliente, você ganha sua atenção e simpatia.

8. **Apele para os motivos mais nobres.** Se precisar, dramatize suas ideias para torná-las mais impactantes e envolventes.

No Marketing de Relacionamento, precisamos criar relações mais fortes e influenciar positivamente as pessoas, uma vez que queremos não somente vender, mas também que aquele cliente se torne parte da nossa rede. E não importa o grau em que estamos, as mesmas lições se aplicam a nós. Sendo consultor(a) de vendas ou líder de um time, você continuará tendo de "fazer amigos e influenciar pessoas". E mais ainda: continuará precisando motivar e engajar essas pessoas.

SISTEMA DE INDICAÇÕES

Nossos clientes naturalmente se tornam clientes assíduos e satisfeitos. Felizes com os produtos e seus benefícios, passam a indicar para outras pessoas, se interessam por ingressar no plano de negócios da empresa, e assim aumentamos nossa clientela sem necessidade de investimento em publicidade.

Todos gostam de indicar produtos ou serviços que lhes tenham agradado, seja um livro que leu, um filme a que assistiu ou um restaurante de que gostou. Não custa nenhum esforço, e a maioria das pessoas sente prazer em indicar, fazendo isso desprovidas de qualquer interesse pessoal. É uma necessidade comum do ser humano.

Claro que depender de indicações espontâneas dos clientes para atrair novos clientes pode parecer algo incerto. Dessa forma, nosso sistema de indicação é proativo, criando um fluxo de procedimentos em que os clientes geram *leads* recorrentes para os consultores através de um programa de estímulos atraente. Ou seja, o cliente ganha para fazer algo que já faria normalmente, mas pelo qual não receberia nada em troca.

Os clientes ficam tão satisfeitos com os produtos e com o programa de incentivos que, muitas vezes, tornam-se consultores de venda e ingressam no plano de negócios a fim de se tornarem um Distribuidor da empresa.

Após ingressar no plano de negócios, abre-se a possibilidade de evoluir no plano de carreira como um executivo até o nível de Presidente Diamond da empresa.

Um plano de carreira com altos potenciais de ganho, escalabilidade e vários níveis de graduação com metas claras e bem definidas, além de mentorias individuais e personalizadas para ajudar o consultor a atingir suas metas.

Assim, esse sistema reúne o melhor da indicação, mas sem depender da espontaneidade do cliente.

Esse tema é tão poderoso que volta com frequência ao centro das discussões de marketing, seja na forma de *Member Get Member* ou programas de embaixadores, afiliados ou parceiros, pois nada supera a força de uma indicação qualificada.

Com esse sistema simples, já atingimos mais de 8 milhões de clientes.

Dentro do nosso modelo, você se torna usuário do seu produto e é um exemplo vivo dos benefícios dele, o que é um grande diferencial de influência para as vendas. Com sua evolução, você "sobe a escada da carreira" e se torna também um consultor especialista, ou seja, passa a formar sua equipe, oferecer suporte e a receber as comissões e pontuações vindas das vendas de cada integrante dela.

Se você quer ficar milionário, tem que pôr o sistema para trabalhar para você. Aqui formamos líderes para que estes formem outros líderes. Essa escalada é tão clara dentro do nosso negócio que a pessoa iniciante não vai de cara ao campo, não sai sozinha para fazer uma venda. Ela vai acompanhar o seu líder e assistir na prática, até aprender a duplicar o trabalho. Afinal, é vendendo que formamos novas pessoas para a equipe. Lembra do nosso lema? **Vender e Formar**. Essa é a missão.

É um negócio extraordinário que está pronto. Você só precisa tomar a decisão.

Veja agora os **4 pilares do nosso negócio**:

1. **Comece a partir da sua casa**: não alugue um espaço. Comece com pequenas reuniões de no máximo 10 pessoas. Do zero mesmo, sem contratar ninguém.

2. **Atue no sistema de venda direta**: você não precisa fabricar nada. Você revende diretamente da nossa indústria para o cliente final, garantido uma excelente margem de lucro.

3. **Forme e treine equipes de alta performance**: para alavancar o seu negócio, você vai precisar aumentar a sua rede, ter uma equipe trabalhando para você. Essa equipe é *sua* responsabilidade. Como líder, você precisa formar, capacitar e motivar!

4. **Esteja conectado(a) ao sistema de treinamento**: nosso sistema foi cuidadosamente desenvolvido para impulsionar resultados exponenciais e acelerar a formação empresarial da equipe. Deixe-o trabalhar a seu favor e aproveite os benefícios de um modelo de negócios exclusivo, testado e comprovado.

Saiba mais sobre o Plano de Negócios no QR CODE abaixo:

LIBERDADE FINANCEIRA FEMININA

Nesse momento, dou-me o direito de abrir um capítulo especial para falar sobre as mulheres. Não é novidade para você que admiro o trabalho de minha companheira Zenilda, sentimento exposto aqui em diversas oportunidades. Cada vez mais as mulheres estão envolvidas no mercado de trabalho, equilibrando-se em múltiplos papéis, como o de mãe e trabalhadora doméstica. No entanto, muitas ainda veem que sua segurança financeira depende do cônjuge, de um chefe ou de outra pessoa – sobretudo, e infelizmente, de um homem. Muitas vezes, só percebem o quão dependentes são quando confrontadas com sua própria realidade.

Já foi mais difícil no passado, e ainda não é assim tão simples para uma mulher avançar na hierarquia corporativa, simplesmente pelo fato de ser mulher. E para as que já passaram dos 50 anos, o retorno ao mercado de trabalho encontra obstáculos ainda maiores. É aí que o Marketing de Relacionamento desponta como uma real possibilidade para as mulheres quebrarem essas barreiras e conquistarem sua liberdade financeira.

Não importa o gênero, a etnia ou a formação educacional, o que importa é a capacidade de construir uma rede eficaz. E, segundo o que tenho observado no modelo de negócios que criei, **há quatro vezes mais mulheres do que homens prosperando no Marketing de Relacionamento.**

Enquanto o "teto de vidro" e a disparidade salarial persistem em outros setores, neste modelo o potencial de renda é ilimitado, independentemente do gênero.

O envolvimento no Marketing de Relacionamento não apenas oferece oportunidades financeiras, mas também aumenta a autoestima. A capacidade de se tornar uma provedora pode elevar significativamente a autoconfiança de uma mulher, melhorando suas relações e proporcionando uma sensação de liberdade, finalmente.

Outro benefício significativo é o controle do tempo. Muitas mulheres enfrentam desafios que envolvem as obrigações familiares. No entanto, no Marketing de Relacionamento, o controle do tempo é sua prerrogativa, permitindo flexibilidade para trabalhar em tempo parcial ou integral, de qualquer lugar e a qualquer hora.

CRESCIMENTO ACELERADO E EQUIPES DE ALTA PERFORMANCE

Quando cheguei a esse negócio, vi uma estrada asfaltada que só dependia de mim. Só que eu não estava pronto. Eu não me sentia capacitado. Não tive quem pegasse na minha mão e me treinasse. Com o passar do tempo, o treinamento se tornou algo intrínseco na minha vida. Eu entendo que, sem treinamento constante, ninguém evolui.

Quando montei esse modelo, desde o primeiro momento, sempre atuei no desenvolvimento de pessoas, de liderança. Portanto, esse é um dos valores da nossa empresa. Você não precisa entender do nosso negócio ou ter formação específica em alguma área. Tampouco precisa se preocupar com facilidade de comunicação, com saber vender.

Aqui você será treinado, porque entendemos que nosso modelo de negócios é técnico, portanto qualquer um que tenha força de vontade, que queira se dedicar a mudar de vida, crescer profissionalmente, pode realizá-lo. Foi um modelo desenvolvido com base na formação de pessoas porque eu acredito que a capacitação é a base de tudo. Pessoas bem treinadas e motivadas podem chegar aonde quiserem. Nós vamos ajudá-lo(a) a estar pronto para começar!

Mas você precisa estar pronto rápido. Sendo exponencial, a cada aumento no seu time, cresce também o seu ganho financeiro. Você não vai chegar a Diamante se andar num ritmo devagar. Se a estrada já está pronta, está pavimentada, acelere! Entrou no negócio, foi treinado, comece a treinar. Treine um líder por dia, não por semana. Marque quatro visitas. Na primeira, faça o trabalho e seu aprendiz observa. Na segunda, faça e seu aprendiz o(a) ajuda. Na terceira, ele assume o comando e você ajuda. Na quarta, ele toca sozinho e você observa. Faça as anotações, dê o feedback.

E o quinto e último passo: vá lá e ensine os quatro passos para uma nova pessoa. Esse exemplo sintetiza a diferença de quem vende para quem duplica. De quem fica rico no negócio e de quem fica multimilionário. É essa a velocidade, é esse o ritmo.

Montou equipe, capacitou, soltou. Não pare! Temos diversos treinamentos constantes que ajudam a capacitar nossa rede, mas os líderes também têm trabalho com o *training* dos seus iniciantes e como motivadores dos seus consultores. Um líder precisa estipular prêmios, montar *rankings*, não somente preparar seu time, mas mantê-lo estimulado a buscar cada vez mais. Afinal, todos saem ganhando.

A capacidade de liderar é algo intrínseco no nosso negócio. Logicamente, você poderia aprender sobre liderança em qualquer outro lugar, mas o fato é que, no Marketing de Relacionamento, você trabalha com voluntários. Isso mesmo. Aqui você não encontrará um distribuidor que bate ponto. Como representantes independentes, ninguém é contratado ou despedido – todos estão ali voluntariamente. É aí que a liderança precisa ser ágil. Ela é o motor que vai impulsionar toda a máquina. E sem um bom líder, nada pode caminhar.

Um bom líder inspira. Ninguém segue, nem respeita aqueles que não inspiram. O líder é um exemplo. Portanto, seja o modelo do que você quer que as pessoas que você treina sejam. Elogie todos os progressos, desde o menor deles. Seja generoso(a) em destacar os pontos positivos do seu time.

Ao mesmo tempo, um líder também corrige. Afinal, um pilar fundamental da liderança é o desenvolvimento de talentos. Se precisar corrigir alguém da sua equipe, comece com um elogio e apreciação honesta antes de chamar a atenção. Fale primeiro dos seus próprios erros e, depois, chegue ao ponto que precisa corrigir ou melhorar no seu liderado. Torne as coisas fáceis de ser corrigidas. Dê exemplos de como tal ação poderia ser feita. Faça a outra pessoa sentir-se feliz por fazer o que você sugere. É mais fácil apontar os erros e dar ordens, mas esse não é o caminho de uma liderança eficaz.

Que tal, em vez de somente dá-las, fazer perguntas que estimulem o seu time a refletir sobre os pontos que precisam ser melhorados? Lembre-se de que você precisa mantê-los motivados para que acreditem em seu potencial, para que se relacionem cada dia melhor com seus clientes. Você precisa formar equipes de alta performance. Equipes vencedoras!

Educação empresarial – uma ferramenta valiosa

Nosso modelo de negócios contempla não somente fazer de você um empreendedor, mas apoiá-lo com qualificação e mentoria para que consiga crescer, ou seja, graduar-se na escala do Marketing de Relacionamento. Nosso plano de carreira vai do Cliente ao Presidente Diamond, nível máximo, que eu ocupo hoje dentro do sistema.

Dividimos nosso processo de formação de líderes em duas fases de escalada.

A primeira fase é a de qualificação: você começa como consultor(a) e tem o objetivo de se tornar um distribuidor pessoa jurídica, passando a ter acesso a novos tipos de ganhos sobre a formação de seus consultores.

A segunda fase é a de graduação, composta por sete níveis de lideranças, que, mais do que um *status*, significam também uma progressão dos ganhos diretos e indiretos, sem limite de geração, ou seja, você pode ganhar de todo o volume construído abaixo de você. O percentual aumenta conforme seu nível de graduação, que vai do Distribuidor Executivo ao Distribuidor Presidente Diamond.

Atualmente, temos mais de oito milhões de clientes ao redor do mundo. Centenas de milhares deles participam dos nossos programas de indicação. Outros milhares, além de serem apaixonados pelos produtos e seus benefícios, mergulharam de cabeça no negócio: são nossos parceiros comerciais e estão construindo sua liberdade de tempo e dinheiro. Além disso, desfrutam de prêmios, viagens, treinamentos nacionais e internacionais, e são reconhecidos dentro de um sistema de abrangência global.

Nosso ecossistema empresarial fatura mais de R$ 1 bilhão anual, um sistema testado e aprovado por centenas de líderes no Brasil e no exterior há mais de 37 anos. Temos um Plano Exclusivo de Negócio, com regras claras e muito bem definidas, criadas e aprovadas em assembleia de graduados, além do Conselho de Ética do Plano Exclusivo de Negócio, composto pelos Presidentes Diamonds fundadores e diretores da indústria.

A educação acadêmica e profissionalizante é importante para o nosso desenvolvimento, claro. No entanto, para ter sucesso no empreendedorismo é fundamental ter acesso também à educação empresarial. Se você se torna um líder, um empresário, precisa abrir os horizontes. Todos os conselhos que dei sobre mentalidade empreendedora na segunda parte deste livro servem para abrir a sua mente e prepará-lo(a) para trilhar esse caminho.

Aqui estão algumas das habilidades essenciais que a educação do mundo real dos negócios nos ensina:

- Mentalidade e atitude de sucesso
- Vestimenta e comportamento de uma pessoa bem-sucedida
- Superação de medos pessoais, dúvidas e inseguranças
- Domínio do medo de rejeição
- Desenvolvimento de habilidades de comunicação
- Desenvolvimento da capacidade de lidar com pessoas
- Criação e aprimoramento das competências de administração do tempo
- Estabelecimento de metas
- Gestão financeira
- Desenvolvimento de habilidades de investimento

Finalizando: assim como é crucial ter acesso à educação empresarial, igualmente se torna vital cultivar amizades alinhadas aos seus desejos e caminhos. Certamente você está familiarizado com o provérbio: "Diga-me com quem tu andas e eu direi quem tu és".

Isso é verdade para as classes sociais. Em resumo: os ricos se associam com os ricos, os pobres com os pobres, e assim por diante. Logo, mais uma vez reitero a importância das boas parcerias e conexões. Talvez ninguém queira lhe dizer isso – e este ensinamento nem mesmo consta na lista que fiz acima –, mas no mundo empresarial, as pessoas que são mais próximas a você precisam compartilhar do seu estilo de vida, valores, escolhas e objetivos.

> Aprenda a vibrar com as pequenas conquistas, não importa o que você está vendendo; comemore, porque quando a gente aprende a ser grato no pouco, Deus nos honra no muito.

João Rodrigues da Silva Neto

Ao longo de quase 40 anos, já treinei mais de um milhão de pessoas e superamos a marca de oito milhões de clientes ao redor do mundo em um processo de desenvolvimento, que consiste em quatro fases:

- Vender, ou seja, a arte de criar, de saber fazer perguntas, de contornar as objeções e suprir as necessidades do cliente;

- Cadastrar, que é a habilidade de conectar pessoas ao sistema multiplicador, sendo este um passo fundamental para o aumento da equipe;

- Formar, enquanto capacidade de aplicar na prática o sistema multiplicador e de exercer a venda direta e o *home meeting*;

- Graduar, a etapa final, quando você forma pessoas alinhadas à meta de aumentar os negócios e a equipe.

UM NEGÓCIO DOS SONHOS QUE REALIZA SONHOS

Imagine poder atuar dentro de um modelo de negócios multiplicador como é o Marketing de Relacionamento, e ele estar ligado aos dois maiores mercados do mundo, com 8 bilhões de possíveis clientes: o mercado da saúde e do bem-estar. Mais especificamente, o mercado do sono e o mercado da água. Se você já entendeu que esse é o modelo de negócios ideal, ao compreender o poder desses dois mercados, ficará ainda mais claro que está no caminho do sucesso.

Nossa missão é levar os melhores produtos e criar oportunidades para quem tem o desejo de mudar de vida através do empreendedorismo. Nosso potencial de mercado é gigantesco, pois trabalhamos com produtos que as pessoas usam todos os dias; não são sazonais, não saem de moda. São produtos que, além de gerar mais saúde e bem-estar, são necessidades básicas: ninguém tem qualidade de vida se não tiver uma boa noite de sono e se não beber uma água de qualidade, não é mesmo?

A economia do bem-estar vem crescendo a passos largos. De acordo com uma pesquisa, A Economia Global do Bem-Estar, do Global Wellness Institute (GWI)[15], o setor movimentou cerca de US$ 5,6 trilhões mundialmente ao longo de três anos. Entre 2020 e 2022, houve um crescimento de 12% ante o período anterior. No Brasil, esse mercado movimentou US$ 96 bilhões no mesmo período, o equivalente a mais de R$ 500 bilhões na cotação atual da moeda americana. Trata-se de uma alta de 18% em relação aos três anos anteriores, o que coloca o país como 12º no ranking mundial do mercado de bem-estar, além de liderar esse mercado na América Latina. Esses dados revelam claras oportunidades de negócios, ou seja, estamos no caminho certo!

---

15 Mercado de bem-estar movimentou US$ 5,6 trilhões no mundo em três anos. Veja. Publicado em maio de 2024. Acesso em julho de 2024. Disponível em: https://veja.abril. com.br/coluna/radar-economico/mercado-de-bem-estar-movimentou-u-56-trilhoes-no-mundo-em-tres-anos

Temos um costume aqui no Brasil de só dar importância à saúde quando a perdemos. A pessoa não cuida da alimentação, e começa a ter pressão alta: aí vai cuidar da pressão. Não dorme bem, não tem uma noite de sono completa, não descansa. Aí começam os problemas: enxaqueca, dores nas costas, cansaço, ansiedade. Gasta um monte de dinheiro na farmácia com remédios. Trata a doença e não muda a qualidade de vida.

Nós dormimos um terço da nossa vida. Será que estamos dormindo onde merecemos? Andamos num carro bom, temos uma boa casa, um sofá maravilhoso, mas se não dormimos bem não descansamos, não nos renovamos. Da mesma forma, a ingestão de água alcalina colabora para a saúde geral do organismo. Portanto, nossas tecnologias foram desenvolvidas para melhorar a saúde e o bem-estar das pessoas, garantindo uma melhor qualidade de vida.

Costumo dizer que primeiro eu me apaixonei pelos produtos e, depois, pelo negócio. E acredito que, se você não usar e não se apaixonar, não adianta fazer só pelo dinheiro.

> Ser rico não é apenas sobre ter dinheiro, mas também comer bem, pagar as contas em dia e viver em paz. Ser rico é ter conhecimento, inteligência financeira e promover prosperidade em todas as áreas da vida. É desenvolver seus talentos, ser fiel aos seus propósitos e contribuir para um mundo melhor. Tudo isso se torna possível quando você alcança a independência financeira. A verdadeira riqueza está na harmonia entre bem-estar, sabedoria e a capacidade de impactar positivamente a vida dos outros.

O PRIMEIRO PASSO RUMO A UMA NOVA VIDA

Se você chegou até aqui é porque acreditou e se envolveu nessa leitura, buscando uma fonte de inspiração para mudar o rumo da sua vida. E tenho a obrigação de incentivá-lo, espelhando-me no meu próprio sucesso e cumprindo meu propósito de desenvolver as pessoas e capacitá-las para empreender nesse segmento.

Algo fabuloso a respeito do estilo de vida do Marketing de Relacionamento que preciso compartilhar é que você deve parar de encarar seus sonhos como algo somente alcançável após os 40 anos, ou sua felicidade como algo apenas existente em algumas semanas por ano, ou exclusivamente aos fins de semana. Ao começar a construir sua rede, você começa a viver seus sonhos todos os dias, mesmo que inicialmente sejam modestos. Isso implica uma mudança de mentalidade: não diga mais "não consigo", e sim "eu posso"; não esteja sujeito às circunstâncias, assuma o controle da sua vida; não seja escravizado, vá rumo à liberdade.

O sistema de Marketing de Relacionamento foi concebido para permitir que qualquer pessoa compartilhe a riqueza. É algo aberto a qualquer pessoa que possua fibra, determinação e perseverança. Não importa o seu sobrenome ou qual universidade você frequentou (ou mesmo se frequentou), quanto dinheiro você ganha atualmente, sua etnia ou gênero, sua aparência, popularidade ou até mesmo sua inteligência.

Para ser bem-sucedido e ganhar dinheiro nesse sistema, tenha em mente essas quatro lições:

● **Seja honesto consigo mesmo e pergunte-se:** "Tenho o que é preciso? Estou disposto a ir além da minha zona de conforto? Estou disposto a ser liderado, bem como a aprender a liderar? Existe uma pessoa rica dentro de mim, pronta para ser externalizada?". Se as respostas forem "sim", então, você está pronto para entrar nesse mercado.

● **Tenha uma atitude correta:** empreender é um processo contínuo com o qual ainda hoje estou envolvido. Como já lhe disse aqui, estou em busca constante de desenvolvimento, e é isso o que passo em meus treinamentos, seja para os líderes, seja para os meus times. Enquanto eu estiver trabalhando, estarei em treinamento. Razões para desistir eu tive várias, e você também terá. Esteja ciente disso. Mas, se você está pronto e decidido a ter uma atitude correta, siga em frente em sua nova jornada. Nesse ponto, ressalto uma lição que extraí como síntese das obras que li de Napoleon Hill: *tudo o que você sabe e tudo o que você pensa nada valem sem as suas atitudes*.

• **Valorize o seu tempo**: não caia em armadilhas e promessas falsas de ganho rápido – o mercado está cheio delas! Muitas pessoas querem ganhar dinheiro rapidamente e acabam perdendo tudo o que têm ou sendo enganadas. Tudo que tem valor é construído com tempo e esforço.

Não há enriquecimento rápido no Marketing de Relacionamento. Todo trabalho requer esforço e demanda tempo para ser construído de forma sólida. Exemplificando: se você já atuou como vendedor, sabe muito bem que, de dez clientes que você contata, muitas vezes apenas um efetua a compra; ou seja, 10%. No Marketing de Relacionamento, esse percentual é pelo menos três vezes melhor, ou seja, a cada dez clientes, três efetuam a compra. Indo por essa métrica, para alcançar sua meta de vendas, você precisa falar com muitas pessoas.

Claro que esse número aumenta com o nível de experiência que se adquire, com a qualidade do produto que se vende, mas o volume faz toda a diferença para o seu rendimento. E, quando falamos de volume, falamos não somente das suas vendas, mas do crescimento da sua rede de vendedores. Assim, ao entrar nesse negócio, desenvolva suas habilidades de liderança, as quais serão fundamentais para gerir e consolidar o crescimento da sua equipe.

Dê a si mesmo o tempo que for necessário. "Mas, João, quanto tempo?" Não sei, vai depender do seu esforço. Todavia, o que posso dizer é que, sem um plano, você não chegará a lugar algum. A criação de riqueza, por definição, leva tempo, e isso é tão verdadeiro para a riqueza financeira quanto para qualquer outro tipo de riqueza. Por isso há tão poucas pessoas verdadeiramente ricas: a maioria delas quer dinheiro, mas não está disposta a investir tempo.

● **Faça um plano quinquenal:** sabe por que falamos do plano de cinco anos? Se você trabalha oito horas por dia, cinco dias por semana, atingirá a marca de 10 mil horas depois de cinco anos de esforço em período integral. Essa regra das 10 mil horas é citada por Malcolm Gladwell em seu livro *Fora de série – Outliers: descubra por que algumas pessoas têm sucesso e outras não*[16]. Segundo ele, para se tornar excepcionalmente realizado em qualquer coisa, é necessário dedicar cerca de 10 mil horas de trabalho duro.

Bem, os japoneses com certeza já devem ter lido esse livro (risos)! Por isso, para dominar o que é preciso a fim de construir uma rede enorme, com renda passiva, minha dica é ter um plano quinquenal. Não estou dizendo que você precisará trabalhar 10 mil horas para ser o melhor e mais rico empreendedor de Marketing de Relacionamento. Mas você precisará aprender o processo e lapidá-lo. Quando comecei a trabalhar com marketing, dei a mim mesmo esse prazo para crescer. E, até hoje, ao fazer algo novo, sigo esse plano.

Desde que eu me entendo por gente, eu trabalho. Comecei cedo, lá na roça. Mas no momento em que decidi ficar rico, eu sabia que não buscava a segurança de um emprego, que esse não era o melhor caminho. Eu queria a liberdade financeira. E é isso que o Marketing de Relacionamento me ofereceu. Comecei a vender com 19 anos. São 47 anos no ramo das vendas e 37 anos no Marketing de Relacionamento.

Ao longo da minha vida, trabalhei com poucos tipos de produtos. Hoje somos a maior indústria do segmento em que atuamos. Nossos produtos são focados na saúde, no bem-estar e na renovação da energia corporal, que é essencial para uma vida de qualidade. Quanto maior for a sua energia, melhor será o seu ambiente. Nós gostamos de um ambiente com uma energia elevada para que as pessoas se sintam bem. E é essa a nossa proposta. As nossas tecnologias são desenvolvidas para dar energia e qualidade de vida para as pessoas. **A energia e o entusiasmo inspiram e incitam o indivíduo à ação. Ou seja, quando estamos energizados, tudo tende a fluir melhor, na vida pessoal e na profissional.**

---

16 GLADWELL, Malcolm. *Fora de série - Outliers: descubra por que algumas pessoas têm sucesso e outras não*. São Paulo: Sextante, 2011.

SONHE GRANDE, COMECE PEQUENO, CRESÇA RÁPIDO

Já vivi muita coisa nessas quase quatro décadas. O mercado oscila, tem altos e baixos, verões e invernos, e tudo isso influencia nos resultados obtidos. Lembra quando eu contei que passamos por quatro ondas de explosão de vendas?

Neste momento estamos vivendo o início da quinta onda de explosão de vendas em nosso segmento. Porém, com um diferencial: agora somos internacionais. Temos unidades em todos os Estados do Brasil, sete unidades internacionais e presença de distribuidores em mais de 30 países. Nossa expansão global só corrobora o sucesso do negócio e das tecnologias que vendemos. Estou certo de que vai ser a maior onda de explosão de vendas, tanto no Brasil como fora daqui.

Você pode, agora, estar se perguntando: "Mas, João, por que com vocês deu certo? E quanto às demais empresas de vendas diretas no mercado das quais não ouvimos mais falar tanto?".

Há alguns exemplos de empresas que tiveram seu momento de explosão de vendas no Brasil, como Hinode, Herbalife e Amway, que depois foram esfriando. Tudo quando é novo, assim que chega, faz um barulho, não é? Mas, passado esse "boom" inicial, o marketing tradicional dessas empresas acaba se acomodando e a operação começa a estagnar, fazendo com que muitas delas deixem o País, enquanto as que permanecem não conseguem explodir novamente.

Manter a energia é o nosso diferencial, e com os mesmos produtos, o mesmo sistema e a mesma empresa, continuamos explodindo de tempos em tempos. No nosso mercado, chegamos a 25 mil pontos de faturamento em um único mês, mais de um bilhão de reais no ano. Só que, vale lembrar, há cinco, seis anos, iniciamos a nossa expansão global, ou seja, a onda que está fluindo hoje aqui flui em vários países simultaneamente.

O que podemos observar no mercado atual é que, da pandemia de CO-VID-19 para cá, o marketing digital cresceu e deu esperança a muita gente, mas passados aqueles dois anos em que ficamos mais distanciados socialmente, logo percebemos o esgotamento desse potencial. As pessoas voltaram às suas vidas e às suas rotinas. O contato pessoal, que sempre foi um caminho promissor para as vendas, passou a ser valorizado novamente, e dentro disso destaco o *home meeting* que fazemos, a personalização de cada venda, de cada atendimento; a dedicação que se concentra em entender as dores e as necessidades do cliente. Tudo isso ficou ainda mais em evidência diante de um mundo cada vez mais digital, frio e distante.

A pandemia também fez com que as pessoas passassem a reavaliar suas vidas, a pensar no que desejavam para o futuro, a questionar mais os modelos tradicionais de trabalho, as formas de ganhar dinheiro, e a buscar por quantias melhores para viver promissoramente, não apenas trabalhar para pagar contas. Tudo isso impactou positivamente nos nossos negócios, que oferecem exatamente esse caminho tão procurado: a possibilidade de uma mudança significativa de vida.

Portanto, se você gosta de ter alguém lhe dizendo o quanto vai ganhar e quando deve chegar ou sair do trabalho, se gosta da segurança de ter um salário fixo e limitado ao final do mês, então esse modelo de Marketing de Relacionamento não serve para você. Mas, se você vislumbra que daqui a cinco anos terá conquistado sua liberdade financeira, sua independência para trabalhar a quantidade de horas por dia que deseja, conforme seu plano de negócios, tendo rendas passiva e ativa que lhe garantam não somente tranquilidade, mas riqueza para concretizar os seus sonhos, sejam eles uma boa casa, o carro do ano, uma viagem inesquecível, um casamento deslumbrante, uma família, bons estudos, imóveis para investimento, ou tantos outros que se passem na sua cabeça, siga em frente.

Depois que você conheceu nossas fantásticas tecnologias, nosso plano de negócios incrível, que é o Marketing de Relacionamento, viu que não precisa de investimento inicial para começar um negócio, resta apenas uma coisa para fazer: tomar uma decisão. Se quiser contar comigo, temos um sistema robusto e de sucesso que já transformou a vida de milhares de pessoas em todo o mundo. Basta dar o primeiro passo para a sua transformação também. Eu o convido a participar da nossa quinta onda de explosão de venda global!

Gosto de pessoas que sonham – que sonham grande –, que tenham propósito de vida, que tenham a missão de contribuir, de fazer a diferença, como eu venho fazendo. Por isso, meu lema é: **sonhe grande, comece pequeno e cresça rápido!**

QUE ESTE LIVRO POSSA AJUDÁ-LO A SER LIVRE
PARA REALIZAR OS SEUS SONHOS!

AGRADECIMENTOS

Em especial à minha família pelo amor e apoio incondicionais.

À minha esposa e companheira nessa incrível jornada, Zenilda Soprani.

Aos meus filhos Fábio e João Henrique, pelo incentivo e dedicação neste projeto.

Às minhas noras Viviane Braz e Flávia Lamas, pelo apoio.

Ao meu pai, meu herói, Oscar Rodrigues da Silva.

Aos sócios, diretores e Presidentes Diamond:
> Valdenir Gonçalves de Sales
> Daniel Bolonhese
> Gentil Corrêa de Araujo
> Neurivaldo Amaral
> Samuel Amaral
> Jeferson Braz
> Sérgio Tanaka
> Cristiano Carlos da Silva

Aos nossos parceiros internacionais:
Marcio Gallas, Scarlet, Claudemir e Família Rodrigues Tscha

A todos os distribuidores e graduados de todos os níveis da nossa equipe:
> Presidentes Diamond
> Brilhantes Presidentes
> Brilhantes
> Diamantes
> Rubis
> Safiras
> Executivos
> Distribuidores Master
> Distribuidores Independentes
> Consultores
> Palestrantes e Treinadores

AGRADECIMENTOS

Também não poderia deixar de agradecer ao meu amigo André Silva pela parceria de longa data e pelas valiosas contribuições nesta obra.

Meu sincero agradecimento a todos pelas maravilhosas contribuições que forjaram nosso incrível ecossistema empresarial no Brasil e no exterior.